社長、会社を継がせますか？廃業しますか？

誰も教えてくれなかった M&A、借金、後継者問題解決の極意

奥村聡
事業承継デザイナー／司法書士

SE
SHOEISHA

本書内容に関するお問い合わせについて

このたびは翔泳社の書籍をお買い上げいただき、誠にありがとうございます。弊社では、読者の皆様からのお問い合わせに適切に対応させていただくため、以下のガイドラインへのご協力をお願い致しております。下記項目をお読みいただき、手順に従ってお問い合わせください。

●ご質問される前に

弊社Webサイトの「正誤表」をご参照ください。これまでに判明した正誤や追加情報を掲載しています。

正誤表　https://www.shoeisha.co.jp/book/errata/

●ご質問方法

弊社Webサイトの「刊行物Q&A」をご利用ください。

刊行物Q&A　https://www.shoeisha.co.jp/book/qa/

インターネットをご利用でない場合は、FAXまたは郵便にて、下記“翔泳社愛読者サービスセンター”までお問い合わせください。
電話でのご質問は、お受けしておりません。

●回答について

回答は、ご質問いただいた手段によってご返事申し上げます。ご質問の内容によっては、回答に数日ないしはそれ以上の期間を要する場合があります。

●ご質問に際してのご注意

本書の対象を越えるもの、記述個所を特定されないもの、また読者固有の環境に起因するご質問等にはお答えできませんので、予めご了承ください。

●郵便物送付先およびFAX番号

送付先住所　〒160-0006　東京都新宿区舟町5
FAX番号　03-5362-3818
宛先　(株)翔泳社 愛読者サービスセンター

※本書の出版にあたっては正確な記述につとめましたが、著者や出版社などのいずれも、本書の内容に対してなんらかの保証をするものではなく、内容やサンプルに基づくいかなる運用結果に関してもいっさいの責任を負いません。
※本書の内容は2020年7月30日現在の情報などに基づいています。

はじめに

昨今、各地で起業支援が盛んに行われています。うまくいった成功事例ばかりが強調される一方で、社長のやめ方や会社のおわらせ方は誰も教えてくれないようです。

とある著名な実業家は、サラリーマン向けの本の推薦コメントで「終身雇用は現代の奴隷制度」という言葉を残しました。しかし、それを言うならば、中小企業の社長こそが現代の奴隷なのでしょう。

世の中小企業の社長は、人知れずずっと悩んでいます。困っています。**どうやったら、会社を手放すことができるのか。いつになったら社長をやめられるのか。**そして、**その時まで会社の命運はもつのか。**

日本に４００万社あると言われる中小企業の社長の平均年齢は60歳を超えています。

すでにたくさんの会社が廃業をしていますが、それは氷山の一角です。多くの会社は出口の目途すら立てられずにいます。

2020年の新型コロナウイルス（COVID-19）禍以降は、会社の様子が激変し、早急な判断を求められるようになった社長も多いことでしょう。世の中が激変している今、この問題をいかにクリアするかは今後の日本を大きく左右します。**中小企業の社長が、会社と自分自身の出口を上手に迎えられるようにならなければいけません。**

思い起こすのは15年前にお会いした女性のことです。飄々《ひょうひょう》とした雰囲気で、笑顔が明るい人でした。年齢は30代半ばだったことでしょう。5人くらいの貿易業を営む小さな会社に勤めていました。同社の血縁関係のない社長から「会社を継いでほしい」とお願いされているということでした。本人は、「やってみたい気もするけれど、不安もあり、どうしたらいいか……」と悩んでいました。

それから3年ほど後に、会社を継いだ彼女から会社の登記手続きの相談がありました。「奥村さんが言っていたように、社長になるということは片道切符でした。一度乗ったら戻れない電車でした。今になって身に染みています」

女性社長となった彼女が、雑談の中で漏らしたこのセリフを覚えています。最初に会った時とは打って変わって、疲れている印象が強く残りました。無邪気だった笑顔に影が差していました。会社を引き受けてからいろいろあったのかもしれません。

自分では覚えていませんでしたが、彼女にこんな話をしたそうです。

「一度社長になったらやめられない。片道切符のようなものだから、話を受けるならば、覚悟してならなければならない」

当時の私としては、この感覚は常識でした。だから、そんな言葉が自然と口から出たのでしょう。そう、あの時は常識だと思っていました。でも、これからも常識であっていいのでしょうか。社長にだけは、なぜ「一度社長になったらやめられない」が、まかり通るのでしょうか。ビジネスの世界のスピードが早くなり、**会社の短命化は進んでいます**。雇用の世界では、従業員の立場ばかりが強くなっています。

一方で、社長は個人保証で借金に縛り付けられ、全責任を負わされる状況が続いています。途中で方向転換をしたり、後戻りをしたりすることは極めて困難です。「社長だから、当然でしょ」と、言わんばかりに。

これだけ流動化が進む世界で、中小企業の社長という立場だけが固定化されて取り残されています。私にはこれがアンバランスに思えてなりません。社長に酷です。この問題は、**地域経済において、新陳代謝を阻害する原因にもなっていると考えています。**いらなくなった古いものが捨てられないため、新しいものが芽生えにくくなっています。

ある時から私は、中小企業社長の流動化を模索しはじめました。社長でも、やめたくなったら会社をやめられる。でも、その気になれば、また社長に戻れる。こんなビジョンです。言うならば、社長の働き方改革です。

十数年前の私は、司法書士事務所を経営し、十数名を雇用していました。しかし、事務所を手放して生き直したいと考えるようになりました。結果的には幸運が重なり、大きなダメージを負うことなく、経営の肩の荷をおろすことができました。振り返ると本当に綱渡りで、運に救ってもらいました。本来はこれではいけません。計画的かつ戦略的におわれるようにならなければ、社長の流動化は進みません。

一方、私の祖父は最後に闇に落とされました。祖父は家業を営んでいました。本当ならば余裕で勝ち逃げできていたはずが、最後の最後で不祥事に端を発した大きなトラブルに陥り、全財産を失いました。一時は金庫を開けると10億円近い札束が積まれていたと聞きました。しかし、最後はお金も不動産も消え去り、悲しい晩年となりました。**おわりの場面で失敗は許されません。**祖父のような社長の姿はもう見たくありません。

自分の体験と祖父の事件を経て、私は「社長のおわり方」にこだわるようになりました。社長が、社長をやめることができるようにすること。社長が、会社を手放せるようになること。この道を作ることが、いつからか私の使命となりました。

方法論は自分で確立しなければいけません。どの本を読んでも、誰の話を聞いても、部分的な論点しか語られていなかったり、本質を外していたためです。

私は愚直に社長の声を聞くことからはじめました。ひたすら社長の相談を受け、どうすればいいか一緒に考え続けました。声さえかかれば北海道から沖縄まで足を運びました。採算なんて度外視です。やがて、その数は、８００社を超えました。現場での相談や支援を積み重ね、ようやく形のようなものが見えてきました。この本はそんな現場の知恵を体系化したもので、私の活動の集大成です。

「**会社の手放し方と社長のやめ方のバイブル**」となる一冊をお届けします。

社長のための着地失敗「危険度」チェックリスト

下記の10個の項目のうち、当てはまるものにチェックを入れてみてください。

□会社に利益がしっかり出ていない	□会社を譲る後継者が決まっていない
□銀行の借金を10年以内に返済できる目途が立っていない	□社長がいなくなった時に仕事が回るしくみができていない
□社長の年齢が65歳を超えている	□プロの指導を受けて作った遺言がない
□売上を増やすことに躍起になっている	□自社の株価を認識していない
□共に出口へと歩んでくれる専門家のパートナーがいない	□もし会社をたたむことになったら、自宅を残せるかわからない

当てはまる項目の数が

❷個以下
横綱相撲ゾーン
➡詳しくは第4章へ

上手にゴールを迎えられる可能性は十分です。この機会に、ゴールまでのスケジュールとタスクを詰めましょう。

❻個以下
逃げるが勝ちゾーン
or 時間が味方ゾーン
➡詳しくは
第5章、第6章へ

やや危険水域に達しています。後ろ向きな態度は改め、出口に向けて積極的に取り組んでいただきたいところです。まずは、複数の専門家から出口までの見立てを聞いてみてはいかがでしょうか。

❼個以上
墜落回避ゾーン
➡詳しくは第7章へ

悠長なことを言っていられない状況です。状況を改善するための作戦を立てられる参謀役を探してください（どんな人間が適任かは本書を参考にどうぞ）。

※詳しい現状把握の方法は本書の第3章をお読みください。

目次

Contents

第1章

廃業視点のススメ

――事業承継〝困難期〟の社長のための新たな戦略

会社をどう着地させるかを考え抜く

多くの現場を通して見いだした妙薬「廃業」

いきなりこの本の種明かしをしてしまいましょう。あなたの会社の承継や廃業をどうするか。**うまくクリアする方法は、「廃業を前提にする」ことです。**

「廃業だと！　ふざけるな！」という声が早速聞こえてきそうです。でも少し耳を貸してください。

お怒りになった方は、もしかすると似たような言葉である「倒産」と混同されたかもしれません。また「廃業してください」と言っているのではない点もご理解ください。あくまで「基準を廃業にする」という考え方です。

そもそも自主的な着地方法には、大きく分けると三つあります。「会社を廃業させる」「社長を交代する」「会社を売却する」です。本書ではこれらを「中小企業の着地」という言葉にまとめさせてもらいます。その中でも着地の基準にすべきが「廃業」であり、**廃業は「自らの意志で潔く撤退する」という姿勢なのです。**本書では、社長自らが会社をよりよい着地に導くための秘伝をお話ししていきます。

事業承継デザイナーを名乗り活動する私のところには、中小企業の着地についてありとあらゆる相談が寄せられます。


「稼げないし、後継者もいないから会社をたたもうかと思っている」

「会社を売りたいけど、値段が折り合わずに売れなかった」

「子どもたちが社内にいるけれど、兄弟どちらを社長にすればいいのか」

「従業員を社長にするつもりだが、どう話を進めていいかわからない」

「社長である自分に何かがあった時、残された妻のことが心配だ」

これらはあくまで一例であり、まだまだ、さまざまなケースがありました。

ちまたには自分が社長をやめた時のことなんて微塵《みじん》も考えようとしない人もいます。でも、私のところに相談に来る社長は、どうにかしようと考えています。この本を手に取ってくださったあなたも、今まさに会社の今後について悩んでいるのではないでしょうか。そんな社長の気持ちを別の言葉で表現すれば「**会社をうまく着地させたい**」という悩みになるのではないでしょうか。

どのケースも深刻であり、簡単なものは一つとしてありません。問題の内容こそ会社ごとに違っていてもこの点は共通しています。「会社の今後をどうするか」は、会社の生死を決める話です。会社には多くの人が関係しているため、うまくクリアできるか否かが、会社に関わる全ての人たちに大きな影響を与えます。

社長個人にとっても同様です。中小企業の場合、会社は社長個人と密接にリンクしています。読者の社長の中には、「会社が人生そのもの」という方だっていらっしゃるでしょう。会社の着地問題の成否が、社長の人生を大きく左右することになります。

私はこれまで十数年間にわたり、８００件以上の廃業や事業承継などの場面に立ち会い、社長たちと一緒に「どうすればいいいか」を考え抜いてきました。苦しんでいる社長を見てきました。どうすればこの難しく、かつ重要な中小企業の着地問題を乗り越えられるのか。**数々の現場を通して私が見いだした妙薬が「廃業」だったのです。**

とはいえ、廃業という言葉を聞いただけで強い抵抗感を覚える方がいらっしゃるかもしれません。でも、前述の通り、何も「今すぐに廃業してください」と申しているのではありません。会社のおわりに正面から向き合い、廃業という着地点を視野に入れながら、会社の着地問題に取り組むスタイルを提唱したいのです。

廃業視点とも言うべきものさしを持つ。これが、中小企業の着地問題を解決することにつながります。しかし、それはあくまでものの見方や考え方であり、実際の結末をどうするかはまた別の話です。まずは中小企業の着地の現状が今どのようになっているか、リアルな場面を皆さんと一緒にのぞいてみたいと思います。

廃業が増えている原因は後継者がいないから？

「大廃業時代」という言葉を聞いたことがある方も多いでしょう。私が２０１９年にテレビ番組「ＮＨＫスペシャル」の取材を受けた時のテーマもこれでした。「大廃業時代」とは、日本の中小企業で廃業が増えているという表現です。数字を見ても実際に廃業は増えています。日本全国の会社数は４００万社。そのほとんどが中小企業です。そのうち年間４万社が廃業しているという統計が出ています。２０２５年には１２７万社になっているという見立てもあるようです。

廃業が増えている状況に対して、経済や雇用の観点から「これは大変だ」と国を挙げて騒ぎ出しているのが現在です。会社の着地に頭を悩ませているのは、あなたの会社だけではありません。

廃業が増えている原因については「後継者がいないため」と結論付けられています。たしかに間違いではないでしょう。誰か継ぐ人がいたのならば会社を廃業する必要はなかったのですから。しかし、私はこの論調に違和感があります。「後継者がいないなら、後継者を見つければいいだけ（または売ればいいだけ）」と、単純化された結論が導き出されている傾向があるからです。

中小企業の実際の現場を知れば、そんな簡単な問題ではないと否が応でも気づかされます。後継者がいないのには、それなりの理由があるのです。なぜ中小企業の後継者がいないのか。さらには、会社経営はどんな状況になっているのか。ここまで踏み込まなければ、この問題は改善されないでしょう。

廃業と倒産は天と地ほど違う

章のはじめにお伝えしたように廃業と似た言葉に「倒産」があります。一般の方からすると、どちらもほとんど同じ意味なのかもしれません。しかし、現場で助言をして、作戦を企画している身としては、廃業と倒産では天と地ほどの差があります。今後スムーズに読み進めるためにも、この二つの差は意識しておいてください。

廃業は、社長が会社を「自主的に」たたむことです。積極的な撤退という意味合いがあります。一方の**倒産は、追い込まれて「強制的に」潰されるケース**をイメージしてください。飛行機で例えるならば、未来を見据えてあえて着地することが廃業。一方で、無理に飛び続けようとして墜落してしまうのが倒産です。身内に社長を交代する事業承継は、さながら飛び続けながら操縦士が交代するようなものとなります。

　飛行機が無理に飛び続けて墜落すれば、たくさんの死傷者が出てしまいます。会社も同じで、無理をして倒産をすれば取引先や従業員、顧客などに多大なる損害を与えます。逆に、着地の仕方を自分でコントロールすれば与える損害を軽減、回避することができます。その功罪はダイレクトに社長個人にも返ってきます。

　同じ会社のおわりでも、現場レベルでは、廃業か倒産かで大きな差となることはおわかりいただけたでしょうか。

　しかし、廃業と倒産の線引きが明確にできない時があることもご承知ください。実質的には倒産と呼んでいいほどの、下手な廃業をしている会社があります。逆に、上手に状況をコントロールしながら意図的に倒産（たとえば自己破産の申し立て）をしているケースもあります。廃業と倒産に明確な定義があるのではなく、本書におけるニュアンスの違いとして認識しておいてください。

大廃業時代の真の問題点

廃業が増えることは悪いことではない

「廃業」と言うとマイナスなイメージが先行しますが、**廃業自体については、私は特段悪いことだと考えていません**。社長たちが適切な会社の着地を求めて動き、その結果たまたま廃業になったのならば仕方がありません。

調整原理が働くのが資本主義のはずです。ある事業がなくなって雇用が失われたとしても、他の事業に雇用は移るものでしょう。一つの会社がなくなっても、別のところで新たな会社が生まれます。風通しがよい経営環境さえあれば、適正な新陳代謝が起こります。資本主義とはこうして変化に対応していくシステムであるはずです。

ところが、中小企業の着地の現場では、このシステムがうまく機能していません。**適正な新陳代謝が進んでいません**。中小企業の着地を担っている社長たちが必要な準備や行動をできていないためです。

本来は着地に向けて進んでいなければいけない状況なのに停滞してしまっている会社や社長が大量にいる。これこそが、私が考える現代の一番の問題です。「大廃業時代」などと呼ばれますが、廃業の数が増えていることが問題なのではありません。

着地を必要としている会社や社長がまだまだ大量に控えています。廃業として数字に表れているのは氷山の一角です。中小企業の社長の平均年齢が60歳を超えていることを考えれば、着地問題に向き合わなければいけない社長が相当数いることがわかります。

社長は自社ならびに自身の着地に向き合い、次の形に向けて準備し、行動を起こしていなければいけません。しかし、ほとんどが何もしないで、または何もできないで、止まってしまっているのです。問題が複雑で、ナイーブなものだからでしょう。本質的なやり方を教えてくれる人がいません。そして、技よりも大切な考え方を教えてくれる人もいません。

社長たちの停滞は中小企業の着地問題の失敗に直結します。地域経済を担う中小企業なので、着地の失敗が大きなマイナスを地域に与えることになるのは必須です。経済的な政策などでは、廃業を減らすことを目的とした企画を作ろうとするケースをよく見聞きしました。しかしその方向を目指してしまうと、前にも後ろにも進めないで停滞する会社が増えてしまうことが予想されます。経営環境の風通しは悪くなるし、本当の地域経済の活性化は遠のきます。

引退時期を迎えた社長たちにしっかりキャリアを締めくくってもらうことこそが大切です。特定の着地の形を強要すべきではありません。

必要なのは全ての社長に共通する本質論

「黒字の会社が廃業でなくなってはもったいない」

これは事業承継問題をめぐる議論ではいつでも語られる決まり文句です。しかし、中小企業の経営実態を知る人ほど、この言葉に違和感があります。

たしかにこんなケースもあるのでしょう。技術力があって、収益力もあった。でも、後継者が見当たらないため会社をたたまざるを得なかった……と。しかし、ごくまれなパターンです。特殊な事例をあたかも一般的なケースとされては、話がおかしくなってしまいます。利益は出ていないし、借金も多い。こちらのタイプの会社のほうが中小企業のオーソドックスな状況です。

本来、事業承継などの着地はどの会社でも問題になるものです。一部の優良な会社だけの問題ではありません。利益が出ていない会社も、借金が積み重なった会社もあります。こんな会社でも上手に着地する必要があります。

また、ちまたでの議論は税金や法律、補助金などの枝葉の話ばかりに集中してしまっている傾向を感じます。

もっと本質的で、全ての社長に共通する考え方やセオリーが私たちには必要な気がしてなりません。一部の特殊なケースや部分的な議論はいったん脇に置き、本質的な道を探っていきましょう。

稼げない、会社を継ぎたがらない……世界はすでに変わっている

「昔はいくらでも仕事が降ってきて儲かりましたよ。だから会社でクルーザーを持っていてね。仲間と昼間から船の上で酒飲んで、それは楽しかったなぁ」と、過去を懐かしんで顔をほころばせる社長。しかし、現在の業績はもう瀕死《ひんし》の状況です。赤字が続いているし、資金繰りをしようにも、もう銀行はお金は貸してくれません。この世の春を謳歌していた時には、こんな状況がやってくるとは夢にも思わなかったことでしょう。

ビジネスの世界は早く、大きく変わりました。これからもどんどん変化していくはずです。人々のライフスタイルや価値観も変わりました。会社としては同じ商品やサービスを提供し続けているのに、顧客のほうが変わってしまったケースもあります。**かつて必要とされた会社が必要とされなくなり、役目をおえたり、寿命を迎えるというのは、ある意味当然なのでしょう。**

後継者問題でも同じです。昔は、子どもが親の家業を継ぐのが当然でした。しかし、今

では「サラリーマンや公務員のほうが安定していて、土日も休めてよい」という考え方をする人も珍しくはなくなりました。

従業員に継がせる場合でも、かつては会社の社長になれるなんて夢のような話だったはずです。ところが、今では会社を継ぐ気があるかを問えば「給料は払うよりもらうほうがいい」という意見が返ってくるケースが大半かもしれません。世の中全体が安定志向になり、リスクを嫌う傾向になってしまっています。

中小企業が置かれている世界は動き、変わっています。その着地を担う私たちも、変わらざるを得ません。柔軟に対応していく必要があるのです。

会社の承継と社長死亡問題の不都合

M&Aはみんなを救わない

ちまたの事業承継ガイドのようなものを読むと「後継者が社内にいなければ会社を売りましょう。M&Aです」と書かれています。これも鵜呑《うの》みにしてはいけない話だと思っています。後継者のいない会社が他社に買ってもらえる可能性は、はたしてどれくらいあるのでしょうか。冷静に考えてみると、社内の人すら「継ぎたい」と思わない会社ですから。でも、M&A関連業者や機関はガンガン売り込んできます。

最近の私の相談事例では、買い手を探したけれど売れなかったというケースが増加傾向にあります。もちろん、売っておわれればきれいな幕引きとなります。しかし、M&

Ａをどの会社でも救ってくれる魔法のように捉えるのは危険でしょう。

最近では、経営指導やサポートを行う公的な立場の機関などまで、この「後継者がいなければＭ＆Ａ」という単純な論調に乗っかってしまっている感があります。そんなに甘いものではありません。

「うまく買ってもらえたらラッキー（だからチャレンジする価値はある）。しかし、**成功しない可能性も高いから、ダメだった時を十分想定しておく**」

社長には、これくらいのスタンスでＭ＆Ａに接していただきたいところです。

最後までお山の大将たれ

「ウチは廃業してはダメなんでしょうか？」と、都内で教育関連の仕事をしているある社長から相談を持ち掛けられたことがあります。会社は利益が出ているし、ルーティーンの業務なので売上も安定しています。

ただ、社長としては将来の雇用確保に不安を感じています。Ｍ＆Ａで自社を売却することへの抵抗感もあります。これ以上、お金を追いかけることもしたくないから、自分の手で会社に終止符を打っておわらせたいと願っているのでした。

こんな相談を顧問税理士にしたら「もったいない。どうかしている」と批判されたそうです。また、銀行の担当者と話をした時も「M&Aしかないですよ！」と言われ、誰に相談しても、会社を続けるか、少なくとも他社へ譲ることをすすめられたそうです。なお、相談した面々は、会社が続いたほうが何かしらの利益を得られる人たちだということは指摘しておきましょう。誰の話を聞いても腑に落ちず、私のところに声をかけてきてくれたそうです。誰も自分の気持ちをわかってくれないと、落胆されていました。

この手の相談がきた時、私の回答は大体決まっています。

「好きなようにしたらどうですか」

突き放しているようですが、実はこうとしか言えないのです。私は意思決定の補助はできますし、決めた方向性のゴールまでガイドすることもできます。しかし、**意思決定そのものは社長にしかできません**。外部の人間である私に、「続けろ」とか、「やめろ」と言う権利はありません。他人の人生に責任を持つことできないのですから、自分が進みたいと思う方向に決断してもらうしかありません。

結局、どの道を選んだほうがよかったかなんて、後になってみなければわかりません。だから納得して進んでいくことが何より大切だと考えます。世間体などを気にして不本意な選択をしたら、どこかで後悔することになるだけでしょう。**主人公たる社長の本心が伴っていなければ、やり遂げるためのエネルギーだって欠けてしまいます。**

中小企業の社長をしてきたあなたは、本来、頑固で自分勝手な人ではないでしょうか。好き勝手に生きてきた方がほとんどのはずです。逆にその強さがなければ、会社を引っ張ってこれていないはずです。お山の大将として、最後の場面もわがままを通していいのではありませんか。いや、最後だからこそわがままを通してもらいたいと願います。

突然社長が亡くなった時に起こる悲劇

中小企業の着地には、会社を「誰かに継がせるのか（売るのか）」「たたむのか」の2パターンしかないと思われているかもしれません。しかし、社長の死去というパターンもあります。社長も人間です。当然起こりうることです。

このパターンは、残されたものに大きな負担を残します。未来の会社の着地を検討する際には、相続も十分起こりうることだと警戒をしておいてほしいところです。「社長が急に亡くなりました。取引先の支払いができません。どうしたらいいでしょうか。私たちの給料も払ってもらえていません」

このような、切羽詰まった相談が寄せられることもよくあります。会社を手放す前に社長の命が尽きてしまったということです。

社長が急死するパターンの場合、より悲惨な状況を招きやすいものです。会社が操縦士たる社長によるコントロールを失ってしまうのですから当然と言えば当然でしょう。

中小企業の場合、ほぼ社長自らが株主です。相続の流れ次第では次の社長を選べない状況になることもあります。業務面で社長しかわからないことやできないことがあるため、社長の死亡により会社の機能がマヒしてしまうケースもあります。会社の借金の連帯保証があるので、うっかり相続をした家族が、会社の借金を肩代わりさせられて苦しんだケースもありました。

相続で迎える会社の着地は褒められたものではありません。社長には、あくまでご自身の目の黒いうちに決着をつけていただきたいところです。会社の着地問題を引きずって社長に相続が起きると、損害が拡大する可能性が格段に高まってしまいます。

会社はデリケートな生き物です。しっかり操縦できるうちに決着をつけることが原則です。しかし、神様の意地悪によって、社長が在任中に亡くなることもあります。私たちにできることは、相続が起きることまで意識し、対策を講じておくことだけです。

会社のおわりに起きる問題には予想がつけられる

第1章はここまでです。会社の着地問題をめぐる状況から、私が現場の仕事で気づいたことや違和感についてお話ししました。繰り返しになりますが、会社の着地は超重要な課題です。そして、とにかく難しいテーマです。一方で、**着地の際に起きる問題はあらかた予想がつくので、実は、十分な対策を講じ、準備をしておくことが可能です。**

会社の着地は100％やってくる未来でもあります。だから、せっかく対策をしたのに無駄になってしまうことはありません。確実に起きるうえ、影響はとても大きい。こんな課題についての対策なので、コストパフォーマンスは抜群ですね。

「俺、初めて社長らしい仕事をしている気がする」

これは、かつてある社長が、廃業に取り組みながら漏らした言葉です。会社を続けるのか、たたむのか、他者へ譲るのか。これ以上に重たい経営判断はありません。難しさといい、影響の大きさといい、まさに「社長の仕事」なのでしょう。

会社の着地問題の解決という難敵を前に、私たちはいかに立ち振る舞えばいいのか。まずベースとなる考え方について、次章でお伝えいたします。キーワードは「廃業」です。

第2章

廃業視点で事業承継に取り組むメリット

おわることは悪いことではない

会社のおわりは救いになる

皆さんは「おわる」ということにどういったイメージをお持ちですか？　**私は、日本人は「おわる」ことを、必要以上に避けようとしているような気がしています。**「おわる」ことを忌み嫌うDNAを持っているのかもしれません。しかし、本当に忌み嫌うべき対象なのでしょうか。

個人的に中国古典の『易経』が好きなのですが、易経の中には「〜に、おわりあり」という表現があり、おわりがあることをよいことだと語っている場面を目にします。おわることは寂しいことかもしれません。一方で、おわることができるよさも確実にあります。仕事が好きで、まだ元気な社長には、この感覚はピンとこないかもしれません。しかし、私は老いてなお仕事で身を粉にし、やめるにやめられずに疲弊する社長にたくさん会ってきました。

東京で部品の卸業をしていた社長もそんな一人です。相談を持ち掛けられて会社を訪問したところ、建物に入った途端に風通しの悪さを感じました。室内は暗く、従業員には覇気がない。全員が老け込んでいるような感覚を受けました。あいさつをしても、ボソボソと一言返してくれるだけです。

倉庫の片隅にあるような商談スペースに通され、そこで社長と話をします。話は頻繁に仕事で中断されました。「社長、あの件はどうなっていますか?」「△△社から、納期を過ぎていると電話がありましたが……」など、目の前の仕事に追われ、クレーム一歩手前の案件もたくさんある模様です。社長の携帯に直接電話がきて「申し訳ない」とペコペコする場面もありました。手書きの伝票が散らかる風景は、仕事が後手に回っていることを証明しているようです。深く刻まれた顔の皺《しわ》から長年の苦労がにじみ出ます。肌にはつやがなく、くすんだ色をしています。そんなに健康ではないのかもしれません。

話を聞かせてもらいながら、私は会社を継続させることについてもう見切りをつけたほうがいいように思いました。しかし社長は、素直に受け入れてくれません。口を開けば「顧客がいるから」など、会社をやめられない理由ばかりが聞こえてきます。暗く浮かない表情は、仕事には喜びもなく、義務だけが横たわっているかのようでした。

うつむきがちでボソボソと語る社長の姿には痛々しいものがありました。こんなに疲弊してまでおわれないことは、つらく苦しいことです。こういうケースに出会うと改めて痛感します。おわれることは救いです。

中小企業の着地が進まない三大原因

おわらせることができれば、少なくとも私たちは苦しみから解放されます。中小企業の着地問題において、それを実現してくれるツールが廃業です。第２章では中小企業の着地問題における「廃業視点」のメリットについてお伝えしていきます。

まず、**中小企業が着地目前で大渋滞を起こしてしまっている**ことを再確認しましょう。社長の年齢や、事業の将来性などを考慮すれば、着地を迎えることが必須であるにもかかわらず、かなりの会社は事業承継などが進んでいません。それはなぜでしょうか？　着地への取り組みが進んでいない典型例は三つあります。

一つ目は、社長の「**もったいぶり**」です。後継者候補がいても、「会社は俺がいないとダメなんだ」と何かと理由をつけて経営権を手渡さないことがあります。言葉通り、社長がいなくなると本当に仕事が回らなくなるケースもありますが、理由をつけてもったいぶっているようにしか思えないケースが多いのも正直なところです。「会社をやめるとやることがなくなってしまう」「自分の存在感をアピールしたい」「とにかく寂しい」、こんな気持ちの裏返しから、会社を譲ることを決断できないのかもしれません。意思決定者たる社長が会社や仕事にしがみつけば、当然着地へは進めません。

二つ目に「**高望み**」です。「俺の会社はいい会社だ」と、根拠も客観的評価もない前提が社長の頭の中で出来上がっています。会社を売る（M&A）という着地へ進もうとするケースで高望みをすれば、値段などの折り合いがつかなくなり、まとまる縁談すらまも、相手に求めるレベルまで高くなります。すると、後継者に継がせる方向で検討する際も、相手に求めるレベルまで高くなります。後継者がその要望に応えることは難しくなり、事業承継が進まなくなります。

ラストの三つ目は「**先送り**」です。これが一番多いでしょう。社長の大半は、売上を増やすことは大好きです。でも事業承継などといった内側を整えるための取り組みには気が乗りません。また社長が日頃の仕事を優先するため、着地問題に向き合うことは後回しにされがちです。この手の取り組みを自分の仕事だとしっかり自覚し、きっちり対処しようとする社長は一握りのようです。多くは「面倒くさい」「現実を見たくない」と、問題を先送りにします。避けることができない着地問題を先送りし続けている状況は、社長にとっても会社の関係者にとっても、さらに世間にとってもよくありません。しかし、腰が重たくなってしまうケースも多いのが現実なのでしょう。

中小企業の着地問題に対する社長の「もったいぶり」「高望み」、そして「先送り」を何とかできないか。ここで白羽の矢が立てられたのが「廃業」です。積極的撤退とも言うべき廃業を中小企業の着地の基準に置くことで、全てがうまく回りはじめます。

廃業だって価値は残せる！

「廃業すると、会社にある価値が失われてしまう」

価値とは、顧客、資産、技術などのことです。廃業から考えていこうと言うと、このような指摘があるかもしれません。しかし、これは誤解です。**廃業から着地の戦略を組み立てていっても価値は残されます。**

私がかつて支援した卸業は、右肩下がりの業績に加え、後継者がいないという理由で早めの廃業を決断しました。会社をたたんでいく過程では、隣接業の他社へ声をかけ、在庫と顧客と従業員の一部を引き継いでもらいました。この取り組みのおかげで、在庫商品をたたき売りするよりもずっと高く、まとめて引き取ってもらうことができました。会社をあてにしていた顧客にも迷惑をかけることもなく、継続雇用を希望する従業員の雇用を維持することもできました。引き受けサイドとしても、商品のみならず、顧客基盤とノウハウをリーズナブルに手に入れることができてラッキーだったでしょう。

似たようなケースは別にもありました。売上減少が止まらないため、社長は会社をリセット（＝廃業）したいと考えていました。社長が腹を決め、従業員を集めて、いよいよ廃業の決断と解雇の決定を伝えた時です。

「事業をたたむのでしたら継がせてください。有志メンバーで独立します」

従業員からのオファーにより、事業は彼らが立ち上げる新会社に引き継がれる展開になりました。

社長はこんな展開になることを予想していませんでした。しかし、実は会社の従業員を見ていてこうなる可能性もあると思い、従業員には「廃業する」とただ断言するのではなく、「廃業を決断したけど、もし事業をやりたい人がいるのなら引き継げるように協力することはできる」と、選択肢を提示する形にしてもらいました。従業員が独立を考える機会を作ろうと、前々から周到に仕込んでいたことを告白します。

このケースでも社長は会社を廃業させたほうが、価値は世に残ったと言えるはずです。たしかに、ちまたでは価値を残さない残念な廃業事例も見受けられます。ある日、廃業した旨を伝える張り紙が入り口に貼られ、「もったいない」「事前に知っていれば継ぎたかった」と周囲の人が残念がるのが典型例です。しかし、それは廃業自体が悪いのではなく、廃業の「やり方」がうまくなかっただけです。

正しく取り組めば価値は残せます。廃業でも結果として価値が残るほうが自然なのです。価値を残したほうが社長にとってもメリットが大きくなるのですから。会社をたたむ場合でも、できるだけお金は残したいし、負債は残したくありません。また、お客さんや取引先、従業員にはできるだけ損害を与えないようにしたいと思うはずです。

よきものを残したうえでの廃業は、地域経済の風通しをよくし、活力を生む通過儀礼となるでしょう。廃業視点の着地戦略が世に普及すれば、各社で取捨選択が積極的に行われることになります。悪いものは捨てられ、よき部分が残される。そんな適正な新陳代謝を後押しできます。

中小企業の着地は大きく分けて4パターンある

中小企業の着地にはどんなルートがあるのかを整理してみましょう。大きくは四つに分けられます。会社が残るか残らないのかという分類と、社長による自主的なアクションなのか強制的な末路なのかで分けてみます。

「会社が残るグループ」には、Ｍ＆Ａも含めた承継と、社長死亡による相続発生があります。承継の場合、社長が意思を持って会社を次の担い手に手渡します。相手が我が子か別の会社なのか、お金が動くか否かといった差はありますが、会社自体は他者へ承継されて存続している点は同じです。相続発生の場合も、会社自体はなくなりません。しかし、社長としては、自分の目

中小企業の着地の4パターン

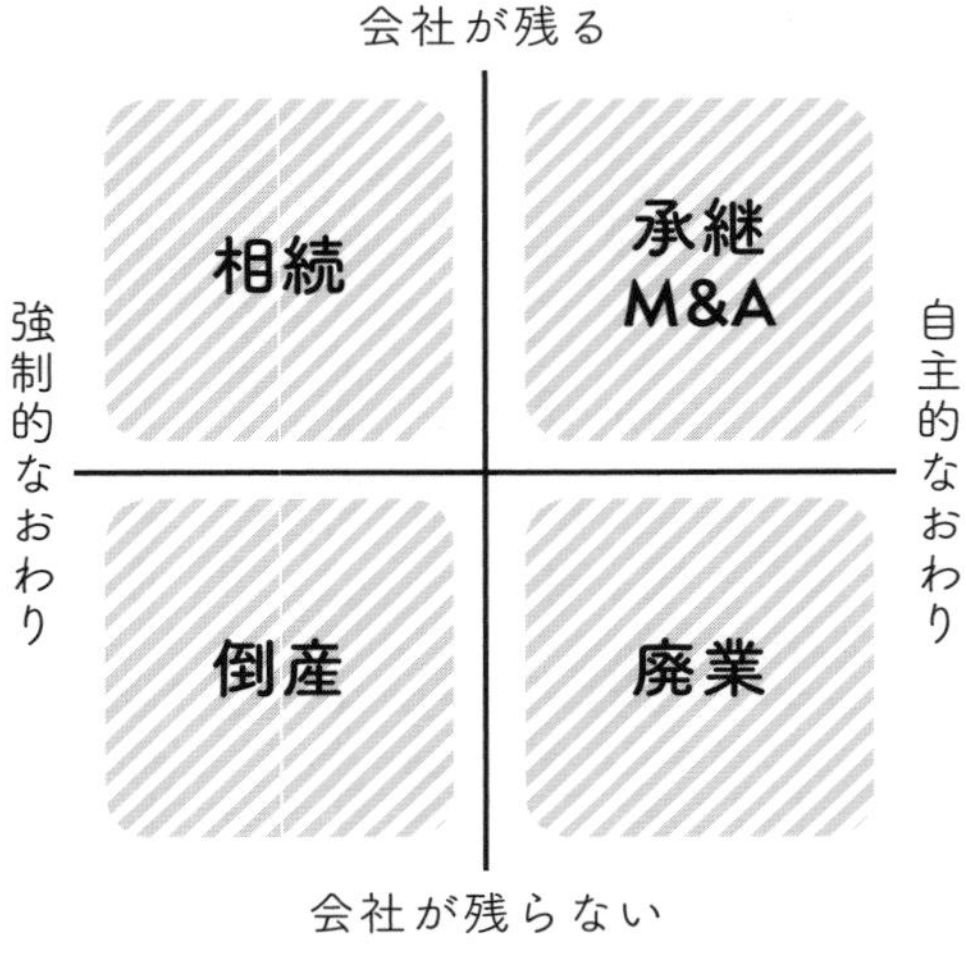

の黒いうちに会社を次の者に手渡せなかったということになります。

もう一方の「会社が残らないグループ」を見てみましょう。廃業と倒産があります。この二つは天と地ほど違うものだという話は第1章でしました。自らの意思で積極的に会社を消滅させることが廃業ならば、支払いの不能などを招き、存続不能になるのが倒産になります。

どんな道筋があるのかを押さえつつ、「自社はどこに着地しそうか」「自分はどこに着地させたいか」を考えてみてください。

廃業が社会の風通しをよくする

一般論として、この四つのうちどれが一番よいエンディングかを問えば、ほとんどの方は「会社が残る×自主的」な「承継・M&Aゾーン」を指すはずです。しかし、**中小企業の着地が渋滞し、中小企業経営者の新陳代謝が進んでいない原因の一つは、まさにこの「承継・M&Aゾーン」を基準にしていることだと私は考えています。**これは、会社の周辺にいる支援者にも言えますし、意思決定者たる社長にも言えます。

現実的に考えましょう。中小企業の会社の着地において、承継はあくまで理想です。にもかかわらず、理想を当たり前の着地点としてしまっているため、滞ってしまっているのです。ここは現実を素直に受け入れ、基準を変えていただきたいところです。**中小企業の着地のスタンダードは、承継ではなく廃業です。**これを受け入れることで各社の準備の状況は変わっていくはずです。

廃業自体は悪者でもなんでもなく、極めてフラットな存在です。地域経済の風通しをよくするという面では、むしろプラスと言えます。ここからは、廃業をスタンダードに中小企業の着地を考える「廃業視点の着地戦略」を解説し、そのメリットをご紹介していきます。

もし何もしなかったらどうなるか？

撤退しなければ司令官の死か軍の全滅が待っている

廃業視点の有用性を語るために、まず「何もしなかったらどうなるか？」を見ていきます。社長が着地問題について何の対策も講じない場合です。

社長には定年がないのでいつまでも会社に居座ることもできます。ただ、その先に待っているのは「社長の死」か「会社の倒産」の二つです。すでに紹介した会社の着地の四分類（44ページ）のうち、強制退場グループの二つに該当します。死という形で強制的に社長をやめさせられるか、会社が強制的に潰されるしかないということです。飛行機のたとえではパイロットの死か墜落という結末です。**この結末を避けようと思うのなら**

ば、社長は自分のおわりを自分の手で作らなければなりません。

社長の死亡問題に対し、**事前に遺言などで工夫して準備をしておけば最悪の損害を回避することはできます**。それでも危険を多くはらんでいることに間違いはありません。

たとえば、後継者が会社を継ぐ場合、社長が突如亡くなって登板しなければいけなくなったケースと、仕事や人脈を計画的に後継者へ引き継いでから社長を交代するケースでは、その後の経営のやりやすさに大きな差が出るのは明らかでしょう。飛行機で、これまで操縦していたパイロットが死亡したため、初めて操縦桿《そうじゅうかん》を握る人間にフライトを託さなければいけなくなったようなものです。しかも、中小企業は自動化されたジャンボジェットではありません。パイロットの腕で切り盛りしなければいけない旧型のプロペラ機のような会社ばかりです。

かつて相談を受けた案件では、運送業をやっていた夫が急死し、なし崩し的に経理をやっていた奥さんが社長になったケースがありました。運送業は男社会で男尊女卑の価値観が根強く残っていると奥さんは語ります。この会社では、新社長の奥さんに従業員が高圧的な態度で接するようになりました。これまでは、夫であった元社長の言うことだから聞いてきたわけです。仕事をさぼったり、インチキをする人間を奥さんが注意しても「だったら、会社をやめてもいいですよ」と逆切れです。

奥さんとしては、それで会社の仕事が回らなくなったら一大事です。さらに当時は人手不足の時代だったので、そのプレッシャーはより強くなっていました。我が物顔の従業員たちに翻弄され、疲れ果てる毎日。しかし、会社をやめれば借金が残るため続けないわけにはいかない状況です。奥さんは過度なストレスで精神を病んでしまっていました。まさに、意図しない社長の死亡ではじまった悲劇と言えるでしょう。

残念ながら、社歴で飯は食えません

廃業は悪いことではないという話をすると、「会社というものはそんなものじゃない」と思う方もいるでしょう。そういう方は、老舗という言葉が大好きではありませんか？「創業１００年を超える企業のほとんどは日本にあるんだぜ」と。

長くやっている会社はそれだけで素晴らしいという価値観をお持ちの方は、状況によっては会社をたたむ必要があるという考え方は受け入れがたいと思います。これまで私に相談を寄せてきた社長の中にも「ウチは昔から続いているから」と、社歴に強くこだわる人がたくさんいました。

しかし、残念ながら社歴では飯が食えないのです。私も「創業１００年の老舗の趣」のような世界観は好きです。ただ、中小企業の着地の現場を見続けていると、社歴にこだわらないほうがよいと感じることが多いものです。**社歴の呪縛にとらわれて、判断を誤って墓穴を掘ってきた社長を何人も見てきました。**「ウチは老舗だから家業をやめるのは恥だ」と言いながら、最後は倒産によってそれ以上の恥をさらすことになってしまった社長もいました。また、**M＆Aでも社歴が重要視されると悪い結果になることが多い傾向があります。**

会社が長く続き、永続する。そこには美しいストーリーがあります。しかし、美しい話は人の目を曇らせ、思考を止めてしまう副作用もあります。中小企業の着地の世界では実現性もロジックもないような美しい話がはびこりがちです。少し冷めた目を持っておいたほうがよい着地ができるでしょう。

会社のライフサイクルが早くなっているのだから、会社が消滅するケースが増えるのは当然です。無理をしても世の中の大きな流れにあらがえるものではありません。「会社が消滅することは何も特別なことではない」と、感覚をアップデートしてください。

春は待てども、もう来ない

倒産について目を向けていきます。社長の死亡と併せて、自主的にやめなかった場合の着地点です。承継も撤退もしないまま、社長の命より先に会社の命が尽きることになった末路です。

現場では、後継者への承継なり廃業の選択について「いずれ考えるけれど、今はまだ決断できない」と問題が先送りされることが度々あります。しっかりとした考えがあってのことならば文句は言えません。しかし、ただ問題から目をそらしたいだけならば考えものです。そもそも問題を先延ばししたところで状況はよくなりません。

まず中小企業を覆う経営環境について考えてみましょう。大きな経済成長が見込めない現在のこの国において、中小企業が濡れ手に粟で稼ぎまくれる時代はやってこないと考えるのが自然でしょう。もちろん、業種や地域によって部分的に「おいしい」状況もあるかもしれません。しかし、経営をしながら肌で景気を感じている皆さんとしては、現状維持以下の環境がこの先も続くと思うのではないでしょうか。すると、**問題着地を先送りにしても、少なくともよいことはないとわかるはずです**。

次に、中小企業の内部に視点を移します。中小企業が着地問題への対応を先延ばしすると、その間、会社の元気は失われていきます。しかも、かなりのスピードで弱まります。それは、なぜか？　まず、社長には若かりし日のようなパワーがありません。ガンガン仕事を取り、新商品や新サービスを生み出せなくなっています。市場では、生きのいい若手経営者が登場し、既存の商品やサービスの地位を奪う代替品が登場し続けるのですから、相対的に会社の力がそがれていくのも当然です。着地を考えねばならない状況の場合、将来への投資もためらわれます。たとえば、70歳の社長が経営戦略において「新工場を設けるべきだ」と検討していたらどうでしょうか。投資資金の回収を考えると一歩が踏み込みづらいし、銀行だってそのあたりのことを気にして融資に後ろ向きになりがちです。実行したらしたで、待ち構えている事業承継などの着地問題をクリアできるのかという疑問もあります。

着地問題が未解決のままでは新しいことに着手することが難しく、ひいては、会社の活力の低下を招きます。そして、そんな状況の会社で働く従業員たちは、どんよりと曇った雰囲気を敏感に感じ取ります。着地問題を先延ばしし続ける会社では、従業員が逃げていきます。しかも厄介なことに、貴重な若い人材から「この会社に未来はない」と、やめていく傾向があります。

会社の着地問題を先延ばしする社長は「後ろ向きな話に気が乗らない」というのがぶっちゃけたところでしょう。時間が経てば状況が好転し、チャンスがくると希望的観測をしているのかもしれません。しかし、ほとんどの場合、状況がよくなることはありません。それどころか会社は劣化を続け、選択肢はどんどん減っていきます。それは倒産への道を自ら進んでいるようなものです。「わが社に限ってそんなことにはならない」と否定したくなるかもしれません。しかし、多くのケースに当てはまることなのです。

廃業を知るからケジメがつけられる

廃業なら、自主的な撤退ができる

いつまでも着地問題を先延ばしにし続けることはできません。先延ばしを続ければ、社長の死か、会社の倒産か、どちらかの強制退場がやってきます。この「**社長が何もしなかったらどうなるか**」の**考え方は、これまでの事業承継などの議論で欠けていた部分です。**社内での承継とM＆Aのどちらがいいのかといった話や、税金や支援制度などの枝葉の知識の話ばかりが先行していました。

そして、社長が承継に動くことが前提とされていました。それでは表面上の議論に終始してしまいます。会社の着地問題を裏からも考察することで、私たちの取るべき姿勢がより明確になってくるはずです。会社がおわること自体はやむを得ない面がありますが、強制退場は悪いおわり方です。周囲も会社も、そしてあなたも、苦しみ、痛めつけられる末路です。そんな**強制退場と比較すれば、自主的な撤退のほうがマシと言えるでしょう。**ベストとは言えないまでも、ベターな着地ではあるはずです。

自主的な撤退手段とは、もちろん廃業のことです。状況をコントロールしながら、ソフトに着地することができます。「強制退場になってしまうことは避ける」「少なくとも確実に廃業できるようにする」というのが、廃業視点の着地戦略の思考法です。

強制退場を回避しようというメッセージを別の表現に変えるとこうなります。

「**社長は自分で、自分の立場にケジメをつける**」

社長の仕事を締めくくる、社長としての役割を仕上げるなどいろいろな表現ができそうですが、要は「自分で決着をつけてください」ということです。これは、本書で社長に最もお伝えしたいことです。

自分で散らかしたものを自分で片付けるのは当然のことです。誰かが散らかすだけ散らかして、無責任に放置していたらおかしいと感じることでしょう。それは事業であったとしても同じはずです。いつまでも片付けないまま自分が先に死んでしまう、片付けないまま会社が潰されてしまうような結末は、避けていただきたい悪いおわり方です。率直なところ格好悪いおわり方です。社長と社長の周囲の人を傷つけてしまいます。

廃業ならば確実におわらせることができます。その気になれば、必ず強制退場を回避できます。廃業というのは、とても平等でフラットなツールです。もし廃業を否定する人がいれば、それは社長に「会社なんて散らかしたまま片付けなくてもいい」と言っているに等しいでしょう。

廃業ならば一人で確実に実現できる！

廃業を、承継する場合と比較してみましょう。承継には、社内の後継者への承継と、外部へ会社を売却するM&Aの2パターンがあります。これらと比べた時、廃業のメリットは何でしょうか？　それは、自分だけの意思でおわりを作れることです。承継相手や買い手などの相手が必要ないのだから確実です。自ら会社をやめると決断し、後はひたむきに実行するだけでゴールまでたどり着けます。これが大きなメリットです。

これが承継グループだったらどうでしょうか。まず社内での事業承継を見てみましょう。昔は、子どもが家業を継ぐのが当然でしたし、子どもがいない場合は、何とかして後継者を作り、存続を図ったことでしょう。ところが今は、子どもであろうが社員であろうが「次の社長をやれ」と命じたところで簡単には首を縦に振ってくれない時代です。何とか会社を継いでもらおうとして、後継者候補の機嫌を取ったり、下手に出たりしている社長の努力を見ていると、やるせなくなることがあります。M＆Aとなれば、よりコントロールはききません。買ってもらえるかどうかは相手まかせ、運まかせです。

これまで着地問題の基準とされてきた承継ゾーンではありますが、実際は相手方あってこその着地方法です。他者依存の形にどこか危険性を感じませんか？　これに対し、廃業は確実です。**一人で確実に実現できることだから戦略の軸にできるのです。**

私はこの本を書きはじめる少し前から、ある食品製造業の会社のM＆Aのお手伝いをしていました。買い手探しのために動きはじめましたが、M＆Aが成功する雰囲気をあまり感じられません。利益が出ていない状況にあったためです。そこに新型コロナウイルスによる大変動が起きました。経済の低迷と自社のさらなる業績悪化の兆しが見えたところで、社長と私は廃業へと間髪を入れずに方針転換を行いました。自粛要請が出て本格的に状況が悪化する前段階での判断です。ためらうことなく方針転換を行えたのも、M&Aをはじめる当初から廃業になることまで視野に入れて動いてきたからでしょう。

その後、世の中の状況がどんどん悪化していったのは皆さんの記憶にあるところだと思います。もし判断が遅れたら、こちらの会社は相当な赤字を垂れ流してしまったはずです。資金を失い、手元に大きな借金を抱える状況に陥り、まともに廃業すらできなくなっていたかもしれません。

この時改めて感じたことは、廃業の確実性のありがたさです。**どこまで落ちていくかわからない世界で、早々に決着をつけることができました。**かたくなに承継にこだわっていたらどうなってしまっていたかわかりません。廃業だからこそ、しっかりと社長を着地までお連れできました。

いざ会社をたたむとなれば苦しい場面もあります。従業員にやめてもらうことは心が痛むし、取引先や顧客に頭を下げるのもつらいことです。それでも着地までの計算が確実にできるということは、とてつもなく頼もしいことだったりするのです。

「欲を言えばきりがないが、廃業のおかげでおわりを迎えられてよかった」と、胸をなでおろした場面は、これまで何度もありました。承継という着地を目指す場合でも、「ウチの会社は廃業に落ち着くかもしれない」という視点を持っておいてください。リセットボタンを手元に確保しながら承継の道を探るのです。

これも「廃業視点の着地戦略」の基本姿勢のひとつです。誰かに会社を継いでもらうことを願い、チャレンジするのは悪いことではありません。社会のためにも積極的にやってほしいです。しかし、チャレンジに失敗した時に、次の落としどころを想定できているか否かで大きな違いが生まれます。廃業を視野に入れておけば、選択肢が増え、社長の安心感にもつながります。**合言葉は、「いつも心に廃業を」**です。

廃業視点ならば後継者に委ねる覚悟ができる

後継者サイドからよく寄せられる相談が「社長がいつまでも経営権を渡してくれない」

というものです。社長が会社を後継者に委ねず、後継者が不満に思い、腐ってしまうケースは事業承継のよくある話です。

会社を譲る直前でもったいぶりたくなる気持ちは少しわかります。長年続けてきた思い入れのある会社です。うまくやれている時の社長は気持ちがいいし、お金も入ってきます。いざそのポジションを捨てなければならないとなると、ちょっと考えたくもなるはずです。「そう簡単に手渡したくない」という意識が働いても不思議はありません。

この問題も、先代社長に廃業視点があれば解決できます。悠長にいつまでも先延ばしをしていられないことは、ここまで読み進めてきた方はすでにご存じでしょう。**会社の着地問題が生じてからは、時限爆弾のタイマーが動き出したようなものです。**早く手を打たなければ、ご自身の手の中で爆発してしまいます。

「誰にも承継させられなければ、廃業を選ぶしかなくなる」と意識できていたら、会社を譲ることに対して肯定的になれるはずです。少なくとも、仕方ないと思えるのではないでしょうか。「継ぎたい」「買いたい」と言ってもらえているうちが華です。もったいぶっているうちに廃業しか選択肢がなくなったら、寂しい結末じゃありませんか。

「あいつは社長をやるにはまだ早い」問題

「あいつ（後継者）は経営者として未熟だから、社長はまだ代われない」

会社を次に譲らない社長から頻繁に聞かれるセリフです。この主張について、私が思うところをお話しさせてもらいましょう。

会社を後継者に手渡した後、経営がうまくいくかまで心配しはじめたら、とても手放せなくなってしまいそうです。**後継者へ継がせた後は、もう前の社長の責任はない**と私は考えます。もしうまくいかなくなったとしても、すでに会社を譲っている以上、あなたにできることはほとんどありません。

社長の責任は、よい形で次にバトンをつなぐことだけです。その先のことは、「知ったこっちゃない」でよいのです。無責任でもなんでもありません。なんでも背負おうとすると自分を苦しくしてしまいます。**これからの人間がチャレンジできる機会を創造しただけで十分です。**もしダメだった時は、後継者がきれいにおわらせればいいだけです。

ここまでお伝えしても、会社を譲った後のことが気になって手放せない社長は、承継の道は選ばないほうがいいと思います。正解はないのでご自身が納得できる道を選ぶほうが後々のためにもよいです。ドライだと思われるかもしれませんが、感情論ではなく、**できることとできないことを割り切ることは、会社の着地問題では大切なマインド**です。

廃業視点で腹を括ればビクビクしなくて済む

Ｍ＆Ａに踏み切ろうとする時に社長が心配するのが、「会社を売り出しているのがバレないか」という点です。会社が売りに出ていると知られたら経営に悪影響が及ぶかもしれません。「従業員に知れたら……」と、心中穏やかではないでしょう。この課題に対しＭ＆Ａ業者の定番回答は「相手にも守秘義務契約を結ぶから大丈夫！」です。でも、正直なところ、「１００％大丈夫か？」と問われたら、私は「ＹＥＳ」とは言えません。情報やうわさは制御しきれませんし、悪意のある人間がいたら抜け道はあります。

しかし、いずれ動かなければならない時がきます。問題を先送りにし、いつまでも会社を手放さなければ、社長の相続か倒産の末路をたどります。強制終了は避けたとしても、情報を隠し通そうとする限り廃業しかありません。そうなるのだったら思い切ってM&Aにチャレンジしてもよいのではないでしょうか。廃業視点を持っていると、「チャレンジしなければ廃業しかない。また、チャレンジして結果が出なければ廃業すればいい」と考えることができます。そして、腹を括ることができます。

「後継者がいない会社なんだから、M&Aで継ぎ手を探して何が悪いんだ。別に知られたところで、相手が見つからなければ廃業になってしまうんだからどうってことない」

こんな社長のセリフに、思わず笑ってしまったことがありました。当初はM&Aにビクビクしていた社長も、考え方の軸ができるとここまで開き直ることができるようになります。

会社の内情を秘密にしておきたいという社長の気持ちは当然です。後継者に対しても、社外に対しても同じです。しかし、秘密主義とも言うべき姿勢が、これまで会社の着地問題の解決を妨げてきたことも事実です。今のことしか見ていなければ「教えたくない」「知られたくない」を押し通すことができるかもしれません。でも、廃業視点を持てば、

秘密主義を押し通すことは得策ではないと考えられるのではないでしょうか。

廃業視点を持てば慎ましくなれる

中小企業の着地における社長の高望み問題はどうしたらいいでしょうか。ここでも廃業視点なのです。高望みは多くの場合、社長に現実が見えていないことで起きます。

Ｍ＆Ａの場面では、「価格に納得できない」と社長がかたくなに首を縦に振らないケースがあります。私の過去の顧客にも同じような社長がいました。「自分の会社の価値は高い」と思い込んでしまっているので、いい話が来ても成約に至りません。

もし廃業視点を持っていたらこんな考え方ができたはずです。

「ウチの会社が誰にも買ってもらえず廃業することになれば、金が手元に残らないどころか、借金が残るかもしれない。だから欲張らず、何とか会社を引き継いで、雇用を維持してもらえたら御の字としよう」

しかし、「**ウチの会社が廃業になったらどうなるのか？**」という**視点**が社長にないため、話が折り合うことはありませんでした。

現社長が後継者候補の甥っ子に無理やり会社を継がせようとしていると、後継者サイドから助けを求められたケースもあります。後継者候補は私のブログなどをよく読んでいて、この流れに乗ったら危ないと知っていたそうです。「借金と個人保証の危険があるから待ってほしい」と言っても、「連帯保証が怖いだと⁉　お前も意気地がねえなぁ」と、社長は精神論でねじ込んできます。

ここにも一種の高望みがありました。社長は自分の会社を優良会社だと見込んでいるので、後継者は会社をありがたく継いで当然だと思っています。でも、フタを開けると、資産より負債が８０００万円多い概算です。従業員が５人ほどの会社で大きすぎる額ですし、収益状況からも返済の目途は立ちません。このレベルの借金を丸ごと背負わされるくらいなら、新規で起業したほうがよいでしょう。

もし社長が廃業視点を持っていたらどうだったでしょうか。「廃業した場合にどうなるか？」と、一度でも俯瞰したことがあれば、この状況の会社を身内に押し付けようとはしなかったはずです。会社を継がせることが、地獄への道連れになってしまいます。

廃業シミュレーションで見える現実

「清算価値」があなたの会社の本当の価値

いざ「ウチの会社が廃業したらどうなるか」をシミュレーションしてみると、悲惨な数字になりがちです（具体的なシミュレーションのやり方は次章で解説します）。決算書上の資産はすり減り、負債は増加する傾向があるためです。現実はシビアです。

しかし、これが本当の会社の実力です。「誰も会社を継いでくれない」「誰も買ってくれない」となると、廃業によってこの数字が現実化することになるのです（だからと言って、現実から目をそらし続け、社長の死亡や会社の倒産といった強制退場を招くのはより悪いことです）。

M&Aの時に「純資産に利益の5年分を足した金額を買い手が支払う」などの値付けセオリーを聞いたことがある方がいるかもしれません。しかしそれも絵に描いた餅と言っても過言ではありません。「この株式は上場すると○○円になりますよ！」というような、未上場株式の投資話と同じです。会社の評価方法はいろいろとありますが、どれも都合のよい「たら」「れば」の要素が含まれています。M&Aの価格は、買ってもらって初めて現実化する価値であり、「たら」「れば」の数字をあてにすべきではありません。

M&Aで会社を売ろうと考えている社長から、自社の知名度やブランド価値のアピールをよく受けます。だから「会社を買いたい人がいるはずだ」「高く売れるはずだ」と言うのです。先にお話しした老舗であることや社歴の長さを誇るのも同様です。

この手の話は、実際にフタを開けてみると、社長が思っているほど知名度やブランド力が存在していないケースが大半です。本当に実力を有していれば、しっかり売上は作られ、利益が計上され、数字に反映されているはずだからです。なのに、赤字の決算書を見せながら「ウチにはブランド力がある」と主張するのは無理があります。でも実際にはこのような過大評価が多いわけです。

私たち支援者は数字で見るし、買い手だってそれは同じです。数字を伴わない評価にあまり意味はありません。なお、数字の中にはあてにならない数字もあります。ここは会社の実力をたしかに表す数字に目を向けるべきでしょう。では、会社の実力を表す数字とは何でしょうか。

私は、その数字は「**廃業した時に残る数字**」だと主張します。会社を廃業する際には資産を売却してお金を作り、そのお金で負債を返済します。そこで残る数字こそが、**本当の会社の価値です。これを「清算価値」と呼びます。**

清算価値だけは、社長の手元に確保された数字です。いつでも、単独で実行できる廃業を経て残る価値なのですから、現実味があります。これは、「たら」「れば」のない、あてにできる数字です。

攻勢と撤退をセットで考えるべき時代

社長にはこの清算価値を意識して、着地問題にのぞんでいただきたいところです。世の中の変化が早く、大きくなっている今ではなおさらです。

社長というのは夢を描き、売上を増やしていく方向にばかり目がいきがちな人種です。そうでなければリスクを背負ってまで事業なんてやっていられないのかもしれません。しかし、**いつか着地をしなければいけない時がきます。ならば常日頃から会社の価値を知っておいたほうがいいでしょう。**

その時、頭の中に入れておくべき価値が清算価値です。この数字を押さえている社長は、人員や資金といったリソースを無視した無謀な積極策を取ることはないはずです。また、流れが悪くなった時の撤退のタイミングをうまく読めるようになるはずです。

適当に経営していても、市場が成長するおかげで会社も成長できる時代はとっくにおわりました。シビアな環境では攻勢と撤退をいつもセットで意識しておきたいところです。廃業視点は、今の時代にふさわしい経営の肝となります。

社長は自分のおわりを創造する

この章の最後に再び中国の古典『易経』の登場です。易経には最後までまっとうすることを説いている場面もあります。

地山謙：「謙は、亨る。君子は終わりあり」

「君子は最後までことを成し遂げ、おわりをまっとうすることができる」という意味です。

私は、社長さんたちを、『易経』で言うところの君子と見なしています。なぜなら、社長は会社の中で、間違いなく君子の立場にいるからです。その君子たるもの、ことを成し遂げおわりをまっとうする存在なのです。

この「おわりをまっとうする」ことについて、どのように考えたらよいのでしょうか。ここまで社長の死や倒産という強制退場となるおわり方があることを一緒に見てきました。何もしなくてもおわりはいつかやってきます。ならば「おわりがくることを受け入れない」という姿勢は論外でしょう。どんなに嫌がっても避けることができないものなのですから。

すでに亡くなったある有名な経営者は、晩年に「自分は150歳まで生きるから相続対策なんて必要ない」と言い張っていたそうです。周囲の人は確実に起きる社長の相続トラブルを心配していましたが、当の本人は全く聞く耳を持っていなかったようです。事業承継を進めるにせよ、未来の相続の準備をするにせよ、「おわりが来ることを受け入れること」がスタートです。この事実を社長が拒絶してしまったら何もできません。

では、おわりが来ることを受け入れさえすれば、後はただ座して死を待てばいいのでしょうか。それも不十分です。「まっとうした」と評価できないおわりは、君子たる社長にはふさわしくありません。

「社長（君子）は、自分のおわりを創造するプロデューサーたれ！」

私には、東洋最古の書物として今も読み継がれる『易経』がこう訴えているような気がしてなりません。自分のおわりを創造し、おわりを演出することを求めています。おわりの哲学、美学が問われる中で、あなたは未来を見据えていかに役割をまっとうしますか。

さて、第2章では「廃業視点」について語ってきました。ここでもう一度整理をしておきましょう。

第2章まとめ

廃業視点の着地戦略

鉄則① 強制退場(相続と倒産)は避け、自分で着地問題に決着をつける

鉄則② 廃業をしたらどうなるかをシミュレーションして頭に入れておく

鉄則③ 廃業と比較しながら地に足を着けて承継に取り組む

次章では、より具体的な廃業視点の着地戦略の解説を行います。

第3章

最後に残るのは、お金か、それとも借金か？

決算書で廃業後を見定める

決算書は本当の会社の姿ではない

本章からは具体的な方法論に入っていきます。最初に着手すべきは「**廃業した時にどうなるか**」の**シミュレーション**です。この作業を飛ばして先に行ってはいけません。

世の中には飾られたものばかりがあふれています。人間も化粧もすれば、洋服で着飾りもします。少しでもよく見せようとする人もいれば、あえて隠すための手段だと言う人もいるのかもしれません。

会社も同様に飾られています。会社の姿は決算書に表れます。決算書というものは、決算期における会社の状態を表しているはずです。しかし、ここに出てくる数字などは、意図的であれ、不可抗力であれ、飾られている場合がほとんどです。会社のことを正しく把握するためには、化粧を落とす必要があります。

「別に会社の本当の姿が見えていなくても、どうってことないんじゃないか？」と思われる方もいるかもしれません。でも、会社を正しく理解できていないというのはとてもマズい状況です。計器が狂ってしまっていることを意味するからです。狂った体温計で体温を測り続けても、健康状態の把握はできません。判断を誤り、大きなミスにつながる恐れがあります。

私が提唱する、**廃業までを見据えた「廃業視点の着地戦略」**では、**正しく会社を見ることをベースにしています。**この点をおろそかにすると、効果は発揮できません。

銀行交渉がうまい社長は貸借対照表に強い

決算書の二本柱は損益計算書と貸借対照表です。**損益計算書は一年の稼ぎを、貸借対照表は今の資産と負債の様子をレポートしています。**化粧を落とすためにはこの決算書を修正していただくことになります。

ところが、修正する以前の問題として「自分の会社の決算書なんて全然見ていない」という社長さんが少なからずいます。特に、資産と負債の状況を表す貸借対照表となると、「知らない」「読めない」「興味ない」というようなひどいことになっている場合もあります。会社運営上、この上なく重要な情報なのですが、社長から完全に無視されてしまっていることがほとんどなのです。

売上や利益には関心があるし、わかりやすいので、損益計算書の数字までは頭に入れている社長は多いです。ところが貸借対照表はわかりにくい面があります。また、「わかったところでどうなる？」と、モチベーションが働きにくいようです。しかし、この感覚は改めていただく必要があります。社長と他者との間で考え方や発想にズレが生じる時、問題の根っこにこの貸借対照表への理解の有無が絡んでいる場合が多いのです。

「銀行が金を貸してくれなかった。ウチは2年黒字が続いているのに」

かつて、融資の申し出を銀行から断られて、このように怒っている社長がいました。稼いでいる会社なのだから銀行はお金を貸して当然だと、社長は考えていました。でも、銀行はお金を貸しませんでした。なぜなら、会社は利益が出ているというのは、損益計算書上の話だからです。

実際には、その会社は負債が多くありました。金融機関からの借入に加え、知人の会社からの借金もあります。負債の額と比較すると、資産はひ弱でした。こちらは貸借対照表の話です。銀行は貸借対照表を見ていたので、この会社にお金を貸すことをためらいます。もし、今すぐ事業をやめられるようなことが起きたら、自分たちが貸したお金を回収できない見込みが高くなるからです。「もっと借金を減らしてから、また借りに来てください」というのが、本音でしょう。しかし、損益計算書しか見ていない社長には、なぜ融資を断られたかがわかりません。極端な例ではありますが、現場ではこのレベルの話が転がっています。

皆さんが今後取り組むかもしれないM&Aや後継者への承継でも、貸借対照表への理解は必要となってきます。ある程度は貸借対照表を読み取るスキルを身につけて、自社の数字も理解しておきたいところです。

数字に対して、苦手意識がある方がいることは重々承知しています。でも、そこは安心してください。本書では小難しい分析方法は扱いません。最低限押さえてほしいポイントを、できるだけシンプルにお伝えしていきます。

とにかく、この時点では「貸借対照表も大切だ」と、まずは肝に銘じておいてください。右肩上がりの時代ならば、勢いで道を切り開けました。ゆえに、貸借対照表を見ていない方や、読み方がわからない方がいらっしゃるのもうなずける面があります。

しかし、時代は変わりました。貸借対照表についての最低限の知識は必要です。ここを押さえられていないということは、自軍がどれくらいの食糧や武器を持っているのか知らないのに、戦をはじめてしまうようなものです。まさに無謀と言えるでしょう。

決算書の数字と実態が乖離《かいり》するのはなぜ？

大事なのは会社の真実の姿を見極めることです。そのために**決算書を利用して、現実に基づいて数字を修正します。**決算書二本柱のうち、まずは苦手な方の多い貸借対照表から料理してしまいましょう。

経営を続けていくと決算書の数字と実態が合わなくなってきます。

たとえば、会社を設立した際、１０００万円の現金を出資したとすると、下のような貸借対照表となります。

実態と数字が完全に一致しています。資産が１０００万円で計上されていて、実際に１０００万円の現金もあります。負債はまだないので、この時は資産－負債の純資産は１０００万円です。

なお「資本金」という概念はこの本では一切忘れてください。話がかみ合わなくなる元です。資産から負債を引いたものが「純資産」です。キーワードになるので覚えておいてください。

さて、最初は一致していた数字と実態ですが、年月を経るに従い、ズレが生じてきます。たとえば、先に商品を提

貸借対照表

	資産：	1000万円 （現金1000万円）
－	負債：	0円
＝	純資産：	1000万円

実態と数字が
完全に一致

供したけど、資金は回収できないまま焦げ付いてしまったとしましょう。相手は夜逃げしていて事実上回収ができません。しかし、決算書上は売掛金として依然計上されています。こういった場合に、数字と実態が乖離するという現象が発生しています。

また、かつては高額で買った会社の土地が、バブル崩壊で大幅に値下がりしていることもあります。しかし、貸借対照表には買った時の金額が計上され続けています。こんなケースでも数字と実態は乖離します。

貸借対照表に計上されている数字が必ずしも実態と合致しているとは限らないと、おわかりいただけると思います。少々の誤差で済むなら、無視してもいいでしょう。しかし、大きな誤差が発生している会社もあります。面倒かもしれませんが、会社の本当の姿を見るために、修正の作業をしてください。

決算書の数字だけ見ていると判断を誤ってしまうことがある

決算書の数字だけを見ていると、見立てを誤る場合もあります。私の失敗一歩手前だった例をご紹介します。

私がコンサルティングの仕事をはじめたばかりの頃に、大家業を営む会社の相談を受けました。相談者の高齢の女性が社長で、所有物件を賃貸して生活費を手にしていました。会社というのは名ばかりで、個人の地主とほぼ差はありません。

「借金は重たいし、賃料は少ない。この先どうしたらいいか?」という相談でした。決算書を見ると、資産よりも負債のほうが大きい債務超過の状態です。「マズいなぁ。法的整理しかないか」と疑うことなく考えました。相談者とは、「いかに借金を整理するか」の方向で話を進めていきました。

その過程で、いつ不動産を入手したのかを質問をした時です。「父がやっていたので、その時のことはよくわからなくて……」と、その社長は答えました。この時、自分の見立ての誤りにようやく気づきはじめました。「そんなに昔の話だったら、不動産の値段は今と全然違うかもしれない」と。調べてみると案の定、土地の評価は大きく値上がりしていました。その評価を決算書に反映させたら、負債よりも資産のほうがずっと大きい状況に変わりました。

気づかなければ、お客さんに損害を被らせてしまったかもしれません。結局、不動産を売ることも、法的な債務整理をする必要もなくなりました。不動産の価値からすると適正な賃料収入を得られていなかったので、収益を改善する取り組みだけで十分だとわかったのです。今であれば、真っ先に注意するポイントです。

この先、貸借対照表の数字を実態に合わせて再評価していく各論に入ります。しかし、ただでさえ忙しい社長自ら作業をしていただく必要はありません。**「面倒くさいから、やらない」となるくらいならば、他の誰かにお願いしてしまってください。**経理担当者や顧問の会計事務所などが候補となるでしょう。

再評価作業に先立ち、注意していただきたいことがあります。それは、厳密さにこだわらないことです。1円単位まで正確に計算する必要なんてありません。大枠をつかめばこの作業の目的は達成できます。

評価の方法も同じです。お金をかけて専門家の鑑定を受けるようなことまでする必要はありません。「大体これくらい」がわかれば十分です。数字は上がり下がりし続けるものです。現在におけるざっくりした数字を捉えられれば十分です。

あなたの会社の本当の価値を知る

貸借対照表を清算価値に引き直す

第2章で登場した「清算価値」を覚えていますか。これは「会社を廃業した場合の価値」でしたね。これから導き出したいのは、この清算価値です。

清算価値は、清算時における資産を負債で控除した時の純資産です。平時における決算書の時価評価への引き直しとは少々異なります。たとえば、貸借対照表の資産の部には「研究開発費」が計上されていることがあります。研究開発費は商品開発のためなどに費やしたお金です。未来への投資という意味合いで資産として計上されます。

事業継続が前提となっている平時ならば、特に修正を加える必要はないかもしれません。しかし、廃業時の清算価値を導く場合ならば、まず再評価の対象となります。会社を廃業することになれば、将来への投資というものは意味を失います。また、売却したくても通常は売れないものです。

研究開発費は、貸借対照表上は資産価値が認められていましたが、清算価値においては無価値となってしまいました。このように廃業した場合の清算価値を導き出すには、特有の考え方が必要になります。

それでは貸借対照表から清算価値を導き出すために、代表的な各項目の再評価方法をお伝えしていきましょう。繰り返しますが、神経質にならないでください。ざっくりと数字をつかめば十分です。

廃業したら手元にいくら残るか？

まず**資産**です。**基本的には資産を売却することになったらどうするか、という視点で考えます**。売却できないのならば評価は0円です。債権の類は実際に回収できる額に修正してください。

不動産については、世間相場で見積もれば十分です。インターネットで条件が近い物件が売られている金額から割り出してもいいでしょう。土地の固定資産税の評価額は相場の約7割で評価されているので、固定資産税の明細書から評価額を拾い、これを0・7で割った額を採用してもいいと思います。とにかく、厳密にやる必要はありません。お金を払って不動産鑑定士に鑑定させるレベルの取り組みはやり過ぎになってしまいます。

その他、細かい点は次ページの表でチェックしてみてください。

貸借対照表の資産には載っていないけれど、実は会社の資産と言えるようなものがあれば、別途資産に加えてください。会社で使っている社長の個人名義の不動産などがこれにあたります。

続いて**負債**です。**社長が会社に貸したお金や、未払いになっている役員報酬がある場合があります**。長期や短期の借入金の中に組み込まれていたり、役員借入という別科目が立てられていたりすることもあります。社長からの借入分は控除してください。

負債の場合は、貸借対照表には載っていないけれど、実際には廃業すると出現するも

貸借対照表 主な科目の再評価の指針

資産の部

流動資産	現預金	実際にある現預金に修正
	売掛金	回収可能な額に修正
	在庫・原料	短期間で転売可能だと思われる金額へ修正
固定資産	土地	・転売可能額に修正 ・わからない場合は、固定資産税課税明細書の評価額÷0.7
	建物	・転売可能額に修正 ・わからない場合は固定資産税課税明細書の評価額とする
	建物附属設備	転売不能な場合は0円とする
	車輌運搬具	転売した場合の金額に修正
	工具器具備品	転売した場合の金額に修正
	電話加入権	1本2,000円に修正
投資その他	出資金	換価可能な金額に修正
	貸付金	・回収可能な額に修正 ・社長への貸付になっているものは資産価値0円とする
	研究開発費	・換価可能な金額に修正 ・売却できない場合は0円
	保険積立金	解約した時に受け取れる返戻金の額に修正

未計上のもの	個人の不動産	・社長名義だが、実質会社のものとして活用している不動産 ・時価で計上

のがたくさんあります。従業員にやめてもらうことになった時の退職金や、店舗などを解約する時に発生する原状回復費や撤去費用などです。廃業すると何らかの損害金の類が発生する場合は、それも計上します。リースを解約する際に請求される金額もこちらに入れておきましょう。

なお、廃業時には税金がかかることもあります。専門家への費用も必要な場合

貸借対照表 主な科目の再評価の指針

負債の部

負債	役員借入金	・社長による会社への貸付 ・0円に修正する
	預り金・敷金	実際に返還する義務がある額へ修正

未計上のもの	退職金	・従業員が退職する際に支払うことになっている退職金を計上 ・社長の自分の退職金は計上しない
	撤去費用	・オフィスや店舗の撤去に必要な金額を計上 ・原状回復費、引っ越し代など
	損害金	廃業時に発生するものがあれば計上
	税金・専門家費用	廃業時は必要になるが、ここでは計上しない

もあります。実務上は重要なところですが、複雑になりすぎるのでこのあたりは現段階では無視します。

各項目の再評価はできましたか。次に資産と負債をそれぞれ合計してください。最後に資産から負債を引いて純資産を出します。この数字が清算価値です。

簡単なモデルを作って再度説明してみましょう。決算書上は、資産は5000万円、負債は4000万円ありました。資産の中には2900万円の不動産も持っています。純資産は1000万円です。

再評価のモデルケース

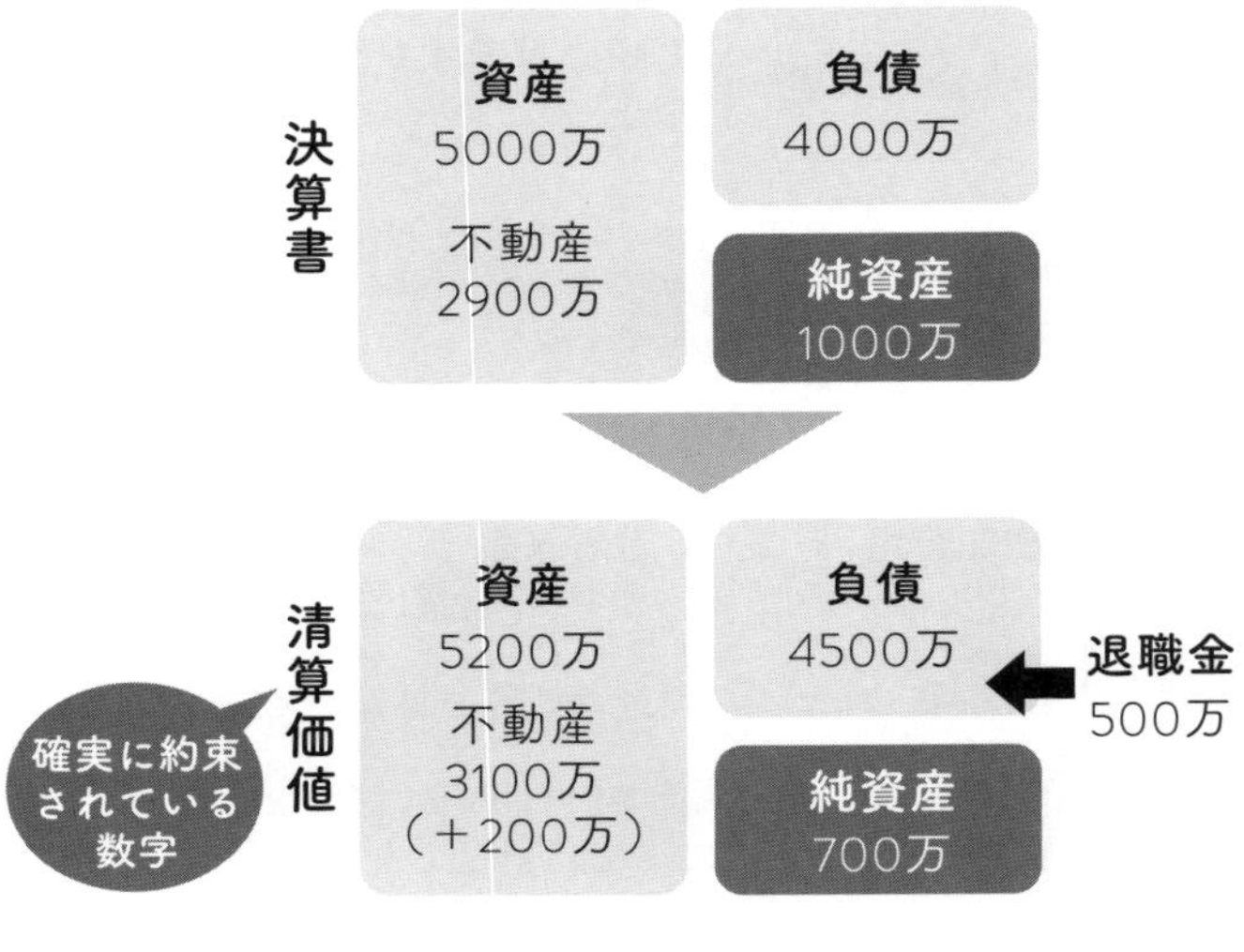

この会社を清算価値に再評価してみます。まず、不動産が値上がりしていて、3100万円で売却できることがわかりました。一方、会社をやめると決算書には計上されていなかった退職金の支払い義務が発生します。これが500万円かかります。結果、清算価値では純資産が700万円となり、決算書の時点よりも300万円減ってしまいました。廃業すると、株主の手元には700万円残るシミュレーションとなりました。なお、多くの中小企業はオーナー会社なので、株主は社長と同一人物としています。

社長、現実が見えたことが大きな一歩です！

決算書の二本柱の一つ、貸借対照表を清算価値に再評価していただきました。この数字が表すところは、会社を廃業することになった時に手元に残るお金（または借金）です。結果がマイナスの場合は、借金が残ることを意味します。

理屈上は、決算書の貸借対照表上の純資産より、清算価値の純資産のほうが高くなる可能性もあります。でも、そんな会社は10社あっても1社くらいではないでしょうか。「決算書の貸借対照表では潤沢な資産に見えたけれど、清算価値にしたらかなり目減りしてしまった」「貸借対照表では資産超過だったけど、清算価値にしたら負債のほうが大きくなってしまった」、さらには「もともと負債が大きかったのに、最後はとんでもない額の借金が残ってしまった」という場合もあることでしょう。

きっとかなり厳しい数字が出てきたはずです。でも、**これがあなたの会社の本当の姿なのです。**なぜならば、**清算価値だけが確実に約束されている数字だからです。**M&A業者が「会社が高く売れるかもしれませんよ」と言ってきたって、そんなものはあてになりません。ただの期待値です。

廃業というリセットボタンを押した時に残る価値だけが確実です。ポジティブな考え方をすると、現時点でも清算価値という内定をもらえているとも取れます。結果は目を覆いたくなるものかもしれません。だからこそ、着地戦略は本気で取り組む価値のあるテーマとも言えます。

自分や自社を直視するというのは辛い場合もあります。何も私だって、社長さんたちに意地悪をしたいのではありません。しかし、現実を見てもらわなければ、何も変わらないのです。たとえそれがどんなに見たくない不都合なものであっても。

「廃業やむを得ず」と社長が覚悟した会社がありました。しかし、別の会社に事業を引き継いでもらえそうな話になりました。社長は当初は「拾ってもらえてありがたい」という様子でした。しかし、話が進むにつれ「安く売ってやる」というような傲慢なセリフが聞かれるようになりました。そこで私が清算価値を計算して、「この話を逃して廃業となればマイナスは３０００万円近く残る」と伝えました。現実を見た社長は、それ以降しおらしく交渉にのぞんでくれました。

目を背けたら未来はもっと悪くなり、選択肢はどんどん失われます。**思い切って現実を見てください。**

そして、まずは、驚き、恐怖、焦り、落胆など、今の感情をとことん味わってやろうではありませんか。毒を食らわば皿までです。無理に平気な顔をするのは、よくありません。今の気持ちを味わい尽くせば、腹が括れ、闘争心が呼び覚まされます。反撃はここからです。**どんな状況であろうと打ち手も希望もまだまだあります。**

利益の有無で会社の着地が180度変わる

損益計算書にもメスを入れる

決算書二本柱のもう一つ、損益計算書も洗い直しましょう。こちらはもっと簡単です。損益計算書の構造は、おおざっぱに言えばこんなところです。

売上 − 原価 − 販管費 ＝（営業）利益

この中で不自然に数字をいじっている面があれば、修正していただきたいところです。利益をコントロールするために、手が加えられているケースがあります。程度の差はありますが、8割から9割の会社は何らかの操作を行っているのではないでしょうか。

たとえば、入札への参加や銀行からの見た目を懸念して、どうしても赤字を回避したい会社があります。こんな会社では、社長の役員報酬が異常に低くなっている時があります。逆に利益を減らして法人税を減らそうとしている会社もあります。そのために社長の役員報酬を高くしたり、身内を会社に入れて報酬や給料を発生させたりしています。

これらの場合は、一般的な報酬レベルに修正しなければ、本当の利益がわかりません。

交際費や旅費などで、社長の個人的な出費が会社数字に混じっているケースもあります。これらも修正の対象です。

損益計算書修正も、貸借対照表の時と同様、厳密に考える必要はありません。数字が大きいところだけ少し修正するイメージで大丈夫です。

家賃・地代にもメスを入れる

大きな修正が必要になる可能性が高いものに、家賃・地代があります。自社が保有する物件で営業をしていると、家賃を払わないで済み、その分利益が増えます。ここでは賃貸だと仮定して、必要になる家賃を経費（販管費）に加えてください。社長などの個人名義の不動産を使っていて、家賃や地代が発生していない場合も同様です。

自社物件というのは、社長の目を曇らせる厄介なところがあります。かつてのお客さんは、廃業するかどうかをずっと悩んでいました。社長の役員報酬を低く抑えながら、それでも赤字と黒字の間を行ったり来たりしているのがここ数年の営業成績でした。スタッフをやめさせるのは気が引けるし、何代か続いてきた会社を自分の代でおわらせることに後ろめたさもありました。「でも、このまま続けていてもこの業界は苦しくなる一方だろうし……」と、悶々とした気持ちを抱え、私のところに相談に来ました。

しばらくカウンセリングのようなセッションを続けました。そして、社長はついに事業を廃止する決断をしました。その時の決め手になったのが、この家賃問題です。

会社は自社物件で営業をしていて家賃を払っていませんでした。仮に、家賃を支払うとしたら、大幅な赤字となって途端に事業は立ち行かなくなることがわかったのです。

「自社物件を生かす」という視点を持てば、自分の会社に無償で使わせてあげるのは得策ではありません。損得勘定では、他の会社に貸して家賃収入を手にすることが正解でした。不健全な状況になっていることを社長は知りました。また、自分の報酬を下げてまで、ずっと無理に会社を維持してきたことに改めて気が付きました。そして、ようやく「もう観念してもいい時期だろう」と、決断したのです。

利益が出ない会社は続けられない

損益計算書の修正をして、利益が出ましたか。それとも赤字になってしまいましたか。会社にとって利益は重要です。「そんなことわかっている」と、思っているかもしれません。しかし、本当にわかっているのかと、首をかしげたくなる場面が現場ではたくさんあります。

経済成長が背中を押してくれない現在では、経営姿勢を変える必要があるかもしれません。従来のように売上だけを重視しているだけでは戦っていられません。売上ではなく何を重視するのかと言えば、利益なのです。しかし、現場の社長たちは、相変わらず売上重視だったりします。一方、利益への執着はあまり感じられないことがあります。

赤字に陥っている会社があるとします。経費節減はもうやり尽くしています。ならば値上げして粗利益を増すしか生き残るための道はありません。

お客さんに値上げを認めてもらえるよう取り組みましょうと、私が提案したとします。すると、「値上げなんてしたらお客さんに怒られる。取引を切り上げられたらどうするんですか!?」と言う方がほとんどです。しかし、そんなことばかり言って利益を出せないほうがはるかに問題だと思うのです。受注しても赤字になる仕事ならば、やらなくても同じです。いや、新しいことに取り組む余力ができる分、やらないほうがマシでしょう。

「**利益を出せない会社は存続できない**」という鉄則をかみしめてください。借金でしのいでいても、いつか行き詰まります。利益が出なければ借金の返済はできません。利益が借金返済の原資です。補助金や助成金で生命維持を図ろうというのも邪道です。

会社を誰かに承継させたところで、利益が出なければその先だってありません。会社にとって、利益だけが命を支えてくれるものだと考えれば、何かを変える必要を感じませんか。利益確保のためにもっと必死になって顧客と交渉をするべきかもしれません。

ただ、ここで利益の必要性を強調したのは、読者の中には、まだ時間的な猶予がある社長さんがいらっしゃるかもしれないと考えてのことです。そんな方には、ぜひ利益の向上に励んでいただきたいところです。

しかし、純粋な着地戦略の議論としては「これからがんばって利益を出しましょう」というのは的が外れています。セオリーとしては、赤字を素直に受け入れたうえで、戦略を練るべきです。事実、「どうにかがんばらなければ……」と焦って動くことで、さらに傷口を広げてしまうこともあります。

最低限押さえていただきたいのは、利益が出ていないならば会社は自走できないということです。いつまでも問題を先送りすることはできません。

残るのはお金か借金か？

第3章では、あなたの会社の本当の姿を把握しました。

貸借対照表を見直し、清算価値を計算しました。損益計算も修正し、利益が出ているかどうかも確認しました。こうして立ち止まって会社を顧みたことは、これまでなかった方がほとんどなのではないでしょうか。この機会だけでも、十分な価値があったと思います。

「今、会社をやめたらどうなるのか」という観点で資産状況と収益状況を確認したところで、再び縦線と横線を引いてこの結果を四つのゾーンに分けてみたいと思います。

まず横線を引きます。上部は利益が出ている場合、下部は利益が出ていない場合に分けましょう。次に縦線です。右側は会社を廃業させた場合にお金が残る場合とし、左は借金が残る場合とします。

結果、次の四つに分けられます。

利益が出ていて、廃業したらお金が残る……横綱相撲ゾーン
利益が出ておらず、廃業したらお金が残る……逃げるが勝ちゾーン
利益が出ていて、廃業したら借金が残る……時間が味方ゾーン
利益が出ておらず、廃業したら借金が残る……墜落回避ゾーン

さて、皆さんの会社は、どのゾーンに位置したでしょうか？　次章以降は、それぞれのゾーンで実際にどのような着地戦略を練っていけばいいのかを考察していきます。場合を分けたうえで、今後何に気を付け、どんな手を打てばよいかを見ていきましょう。

あらかじめ言っておくと、本来ならば他のゾーンにもまたがる話を、便宜上特定のゾーンで解説している場面があります。他のゾーンにも、ヒントや参考になる話があるはずです。また、着地の全体像を俯瞰できれば、新たに見えてくるものがあるでしょう。

「今、会社をやめたらどうなるか」の4ゾーン

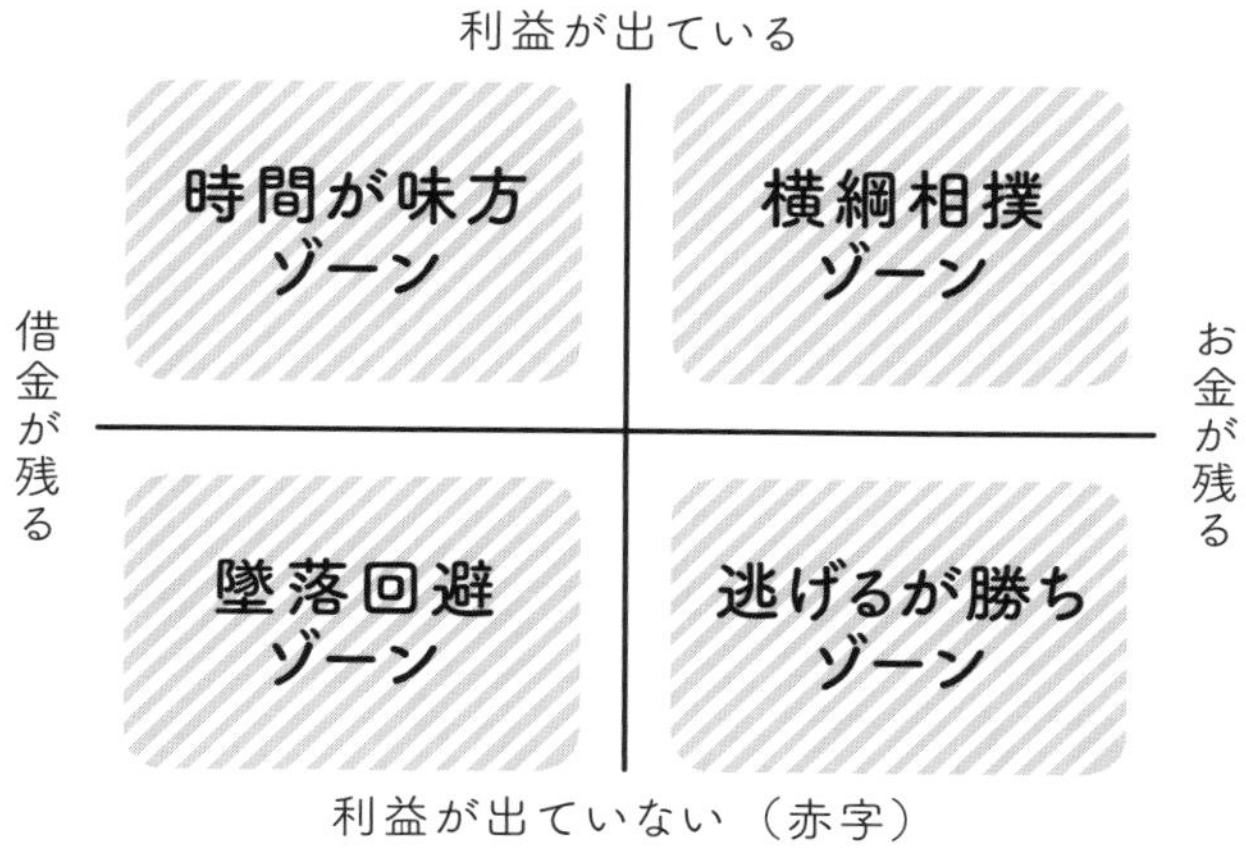

会社は常に同じゾーンに固定されているわけではありません。会社の状況が変われば、当然、位置取りも変わります。また、将来の事業承継などを視野に、よりよいゾーンへの移動を目指す社長さんもいらっしゃることでしょう。むしろそのための現状確認とも言えます。ご自身の位置するゾーン以外の解説もぜひ目を通してください。

第3章まとめ

廃業視点の着地戦略

鉄則① 清算価値を出して会社の本当の姿を知る

鉄則② 利益を出せている会社か否か客観的に見極める

鉄則③ 資産・負債と利益の有無で自社の立ち位置を意識しておく

第4章

資産超過×黒字は「決断あるのみ」

決断という最初のハードル

恵まれた状況でも悩みは尽きない

前章では、会社の清算価値をシミュレーションしました。本章からは4つの各ゾーンでどのような戦略をとればよいか、一緒に考えていきましょう。

まず、現在利益が出ていて、会社をやめても借金ではなくてお金が残せる、その名も「横綱相撲ゾーン」から始めます。

このゾーンに位置する会社、実は中小企業全体の2割にも満たないのではないかと予想しています。会社を継続する前提でも、収益の黒字と純資産のプラスを両立できている中小企業は少数派です。そのうえ、廃業時を基準とした清算価値となれば、よりシビアな数字が出ることは皆さんすでにご存じの通りです。そのため、「ウチの会社には関係ない章」と思われるかもしれません。しかし、会社の上手な着地を狙う際に戦略の基本となるところです。ぜひ最初に確認してください。引退に向けて、時間と体力に猶予がある社長さんは、このゾーンにたどり着くことを目指してください。よきエンディングへとつながります。

「横綱相撲ゾーン」にある会社は、理屈の上ではどのルートでも選べる状況です。利益も出ていて財産的価値もあるのだから、「社長をやりたい」という人がいるはずです。もし、身近なところにそんな人がいないようならば、売ればいいのです。

特段目先のお金に困っているわけではないから、急いで決着をつける必要もありません。どの道でも選ぶことができ、様子を見ながら道を変えることだってできます。いざとなれば、最終手段として廃業を選ぶこともできます。お金を手元に残せるのだから、悲観する必要もありません。まさに横綱相撲というわけです。しかし、現実ではうまくいかない場合もたくさんあります。このゾーンにいる社長さんにも、悩みがたくさんあることを私は知っています。

どうしても決断しきれない自分がいませんか?

社長の悩みは、大きくは「方向性」の悩みと「やり方」の悩みに分けられます。誰に継がせるか、もしくは売却するかという話と、決めたことをどう実現するかという話の2パターンです。

まず前者の方向性の悩みを考えてみます。利益にも資産にも心配のない会社は、どんな出口でも選べる可能性があります。基本的には、社長の意思で自由に出口を選択していいと思います。しかし、選択肢があればあるほど、かえって悩む社長の姿を多く見てきました。自由があると、かえって人は苦しんだりするものです。

「従業員の一人が独立したいと言っているんだけど、どうしたらいいか?」という相談を受け、コンサルティングに入ったことがあります。従業員の彼が立ち上げた事業があり、その事業で独立したいということです。

双方の意見を合わせると、彼の事業部を子会社として独立させ、利益を配当などで親会社（元の会社）に還元する方向がよさそうだとわかりました。彼は元の会社に不満はなく、むしろ恩を感じています。ただ、社長になって自由に仕事をしてみたいという意志があり、それに伴うリスクや義務を引き受ける覚悟もありました。そのうえで、元の会社とも協業し続けることができれば、と思っているのです。大枠の方針が決まり双方が納得し、後は細部を詰めていけばゴールにたどり着くはずでした。

ところが、ここから何度も社長から「待て」がかかり、振り出しに戻されます。社長は、友人の社長や資格業の人間から何か言われ、その都度、影響を受けて気持ちが変わっていたようです。

着地戦略において一度決めた方向性は徹底されるべきものです。**時々の気まぐれで方向を変更することは、機を逃すどころか、周囲に迷惑をかけます。**回りまわって自分を貶めることにつながります。結局、独立希望の従業員は、社長の態度に嫌気がさして会社を去っていきました。その会社の経営状況は、芳しくないと聞きます。

方向性を定めることは社長の大きな役割です。これはかりは、私のような外部専門家を含め、他の誰にもできません。社長の仕事なのです。

うまく決断するために必要な「考え方の軸」を作る

とはいえ、これまで自分が大事に育ててきた会社を手放すことに迷い苦しまない社長は少ないでしょう。うまく決断できた社長たちの例をヒントに、決断する際のポイントを考えてみたいと思います。会社の出口の方向性を決められない、もしくは、一度は決めたけれどフラつく。こんな時は、**社長自身の中の「考え方の軸」ができていない場合が多い**と感じます。決めきれない原因が自分の中にあるのです。

たとえば、二人いる後継者候補のうち、どちらを選ぼうか悩んでいたとします。「次男は社交性があるから仕事を取ってくるのは得意だ。しかし、次男を社長にすれば長男の面子が立たなくなりそうだ」と、二人の適性や立場を意識しながら、あれこれ考えます。

決まらない原因は後継者候補側にあるように感じるかもしれません。でもそうではありません。そもそも、**ここで言う適性や立場のどちらのほうが重要かという問いには、正しい答えはありません**。性質が異なり単純に比較できないものです。それゆえ、いくら二人を眺めていても答えは出ません。**判断するためには、別のものさしが必要です。**それが、あなたの考え方です。自分の考え方がわからないから、決断できないのです。逆に、考え方の軸がしっかりできれば、おのずから問題の答えは出るはずです。ところが多くの社長はそれに気が付くこともなく、問題の外側ばかりを見て悩みます。

自分のことを深く探ると答えが見つかる

「考え方の軸を作ることが大事」と言われても、どうしたらいいのか困ってしまうと思います。その時に役立つのが、ご自身の過去と言葉を深く掘り下げてみることです。

廃業しようか悩んでいたある社長も、考え方が定まらない一人でした。商売はジリ貧で昨年はついに赤字。夫婦で経営をしていて、子どもはいません。「だったら、このタイミングで会社を閉じようか」と、考えはじめていたところでした。幸い、過去からの蓄えがあるので、多少の赤字が出たところでまだ余裕があります。悩む時間はたっぷりありました。「セッションを繰り返し、意思を固めていきましょう」と私は提案し、カウンセリングのようなスタイルから仕事をスタートさせました。月に1回ほどのペースで、休日の喫茶店で面談を繰り返しました。

「もし会社を閉じることになった時、一番気になることはなんですか？」

「やはりスタッフのことですね。雇用は残さなければ」

「しかし、赤字の会社はずっと続かないですよね。このままだといずれ会社も雇用もなくなります」

「そうですよね。しかし、スタッフはこの仕事が好きなので……」

建前や表面上の話が続き、堂々巡りが続く気配を感じました。そこで過去の話から社長の核心に迫るアプローチをとりました。「小さな頃はどんな子どもだったか」「先代である父親との関係はどうだったか」「なぜ会社を継ぐ決意をしたか」など、一見会社をどうするかとは直接関係ない話です。しかし自分への深掘りに付き合っていただくうちに、社長も自らに対する発見があったようです。「自分は周りの目を気にしすぎるところがあった。それで勝手に気苦労をしてきた。今回も、何か言われることが嫌だから、難点を持ち出しては、決断を先延ばしにする道具にしていた」と。そして、「もう十分苦労をしてきた。これからは背負うものを減らして自分の人生を楽しめるようにする」という考え方の軸を手に入れました。それからは、廃業を決断し、最後まで迷うことなく突き進むことができました。軸が定まったおかげで、足取りがたしかなものとなったのです。社長と出会ってからここまでほぼ1年。「会社をどうするか」という大きなテーマについて、簡単に答えは出せません。急がば回れで、自分のことを顧み、深く掘り下げてみることが有効な場合もあります。過去があったから、今の私たちがあるのです。過去を振り返ることで見えてくるものがあります。

キーワードの真の意味に表れる本音を見逃さない

考え方の軸を作るために、何気なく使っている言葉を疑ってみるのも一案です。

とある女性社長は貸しビル業をしていました。当初、事業承継の専門家と称される何人かに相談を持ち掛けたことがありましたが、いずれも話がかみ合わなかったそうです。彼女は一緒に考えてくれる人を求めていました。何をどう考えていけばいいかの手がかかりがほしかったのです。困った社長はネットで私を見つけて、声をかけてくれました。

「どんな感じの事業承継になったらいいと思いますか？　ふんわりとしたイメージでいいので教えてください」

「そうですね、子どもたちに会社を平等に分けられたらいいと思っています」

私からの問いに、社長はこう答えました。利便性のよい土地に数本のビルを所有している会社です。亡くなった旦那さんの事業を引き継いで社長となり、子どもが男女３人います。手に職を持つフリーランスの次男が個人の仕事をしつつ、母親と共に不動産大家業の仕事もこなしています。長女と長男は有名企業の会社員です。

「平等に」と口で言うのは簡単です。しかし、この場合の平等とはなんなのでしょうか。たとえば、会社の株式を３分の１ずつ相続させる案もあれば、会社を三つに分けてしまうのも一案です。また、子どもたちの立場や収入、家族関係にも差があります。単純に三等分することが平等ではないかもしれません。その方法では、大家業を支えてきた自負を持つ次男が「面白くない」と感じても不思議はありません。

改めて考えてみると、何をもって平等なのかがわからなくなりました。そもそも平等なんてありえないのかもしれません。そこで、目先を変えて、平等という言葉を疑ってみることにしたのです。そもそもなんで社長は平等がいいと思ったのでしょうか？「財産のことで、子どもたちの仲が悪くならないでほしいのよ。そんな雰囲気も少し出てきてしまっていて……」と、社長は答えてくれました。このところ会社に関与していない上の二人が、次男のやり方に口を出すようになってきたそうです。しかし、現場で働く次男としては口だけを出されるのは不愉快です。兄弟間の雲行きが怪しくなりつつあるということでした。

この社長の使う「平等」という言葉は、「仲良く」という意味だったのです。

そこで、不仲になる要因を除去することを優先テーマに設定しました。互いに干渉し合うことは不仲の原因になるため、会社を三つに分けそれぞれが自分の責任と権限で、運営する方針にしました。また、どのビルを誰が継ぐかについては、社長が決め、譲ってもらう側の子どもたちは口を出さないという約束事を作り、事前に同意をしてもらいました。このケースでは、社長が何気なく使っていた言葉にメスを入れたことで、自分の考え方の軸が見つかりました。もし平等という言葉に疑いを持たず、会社を3人で共有する形にしていたら、未来は違うものになっていたでしょう。
曖昧《あいまい》な言葉はそれとなく使ってしまいます。また、きれいな言葉になると何も疑うことなく受け入れてしまいがちです。しかし、その言葉をあえて疑ってみることであなたのこだわりを見つけられ、承継方法の結論にたどり着けることもあります。

さて、方向性の決め方について考えてきました。思考や決断といった捉えがたいものが対象なだけに、ピンとこない部分があるとは思います。しかし、**着地戦略の方向性に悩んでいる場合は、実は自分のことがわかっていないケースが多いものです**。敵を知り己を知れば百戦殆《あや》うからず。自分の価値観や感じている使命、さらには願望などを明確にし、決断できる自分を確立することが先です。

プランを実現してくれる相手の上手な選び方

次は、やり方の問題です。「こうしたい」という方向は決まったけれど、その実現に障害がある場合です。ただ、このやり方の問題に関しては、専門家の世界だと私は思います。「どうしようか？」と頭を悩ませる社長もいますが、本業で忙しい社長がやり方を研究して、プランを作るのには無理があります。法律や手続き、税金の問題まで絡むところです。細かなやり方や計画は専門家から提案してもらい、社長はその採用の可否だけを判断するのがベストな形ではないでしょうか。

つまり、専門家との付き合い方が重要です。ここはミスマッチが多いところです。**相談事に対する最大のリスクは、相談相手を間違えてしまうことです。**

まず資格や肩書を鵜呑《うの》みにするのはやめましょう。弁護士や行政書士のような「○○士」だからといって安心なわけではないし、試験の難易度だけでその人の力量が決まるわけでもありません。中小企業の着地戦略における専門資格はありません。民間資格の類はあっても、ほぼあてにならないことも付け加えておきます。いい働きをするか、あなたに合うか否かは、あくまでその人次第です。

「適当に相談相手を選んでいるなぁ」と感じる場面が頻繁にあります。事前に相談相手のことを調べ、「この人の意見ならばきっと正しいのだろう。たとえ好ましくないことを言われても受け入れざるを得ない」と思えるレベルの人をちゃんと選んで、相談したほうがいいです。そういう意味では、役所などでやっている誰が出てくるかわからない無料相談は考えものです。**社長たるもの正当な対価を払ってでも、品質を求めましょう。**

次に、どこまでがその専門家の守備範囲なのかにアンテナを張ってください。「弁護士に相談に行ったら破産をすすめられた」というのは、中小企業の出口相談でよく聞かれる不満です。決算書を持って相談に行ったら、即座に「破産しかない」と言われた、と。

このケースでは、弁護士が悪いのではなく、そもそも相談者が求めるものと、その弁護士の守備範囲が合っていないという理由が考えられます。同じ弁護士でも事業譲渡を使ったものなどの気の利いた提案をしてくれる人もいるはずです。私ならば、相談者の感情面ケアまでを自分の守備範囲としたはずです。

かつて赤字が３期続き、私のところへ廃業の相談をしてきた会社がありました。しかし、私はまだやれそうだと勘が働き、物の販売業から、コンサルティング型のビジネスモデルへの転換を提案しました。その取り組みは成功して、今なおその会社は事業を継続しています。これはたまたま私の守備範囲が経営方面にも及んでいたからです。

ホームページなどによる事前調査から相談中のやり取りを通じて、**「この専門家の守備範囲はどこまでか？」を意識的に探ること**をおすすめします。

最後は、相手の人間性を見て判断しましょう。結局のところ、**専門家選びの究極は「人間性」に帰結します**。元も子もない話ですが、専門分野の細かい話になると、言っていることが正しいかどうかなんて一般の人にはわかりません。その人の人間性や仕事への姿勢にかけるしかない面があります。個人的には、できないことを素直に「できない」と言える人は、信用に値すると思っています。先生と呼ばれる仕事の人は、できなくてもできる素振りを見せがちだからです。

人間性は、あなたとの相性も重要なファクターとなります。

ふさわしい相談相手を見つけることはとても重要です。しかし、その割には意識している人が少ないように思います。「この人は！」という相手を見つけられたらとてもラッキーです。すぐに抱きしめて離さないようにしましょう（あくまで比喩です）。それくらいの価値があります。

会社を内部で引き継ぐ方法

誰が会社を潰すなら納得できるか？

黒字で資産もある会社が、志向する方向性ごとの戦略の立て方を考えていきましょう。内部承継（子どもや従業員への承継）と外部承継（M&A）、そして廃業の三つに分けて見ていきます。

まず内部承継です。ここにも論点がたくさんありますが、まずは後継者の選び方から取り上げます。

後継者の候補として子どもと従業員がいる。または、複数の子どもが会社にいる。こんなケースで「誰を後継者に指名したらいいか」に悩むことがあります。後継者選択と指名は先代社長の大役です。先ほどお話ししたように、ここでの悩みの多くは、社長自身の問題です。思考の軸や価値観を明確にできていないために迷います。逆に、軸がしっかりすれば、自然と答えが出るはずです。

客観的に見てもそんなに能力が高いと思えない自分の息子と、間違いなく仕事はできる従業員。どちらを次期社長に選ぶか悩む女性の社長がいました。優秀な従業員を選ぶべきだと考えつつも、息子もかわいかったのでしょう。私のカウンセリングを受け、自分の考え方の軸が明確になりました。そして、息子を指名することに決断しました。「誰が社長をやっても経営がうまくいくかどうかなんてわからない。息子にならば、長年続いてきた家業を潰されても『仕方がない』と納得できる」

このような価値観に気が付いたためです。なお、この価値観や選択が正しいかどうかは、外野の人間が口を出すところではないでしょう。状況の一部しか見えていなければ、責任も負わない立場なのですから。

後継者選択は、社長本人が自分の責任において、自分の納得する答えを見つけるしかありません。

ただ、社長が後継者に指名しても、相手が「ありがとうございます」と素直に受け入れてくれない時代でもあります。選択は、あくまで社長の希望です。相手の意思を尊重し、間違えても無理強いはしないでください。ろくな結果になりません。

後継者にも「伝え方が9割」

後継者を誰にするか決めた際の伝え方も大切です。相手が身内、特に子どもの場合、つい上から押し付けたり、「くれてやる」というような言い方をしてしまいがちです。細かいことのように思うかもしれませんが、たったこれだけで事業承継がご破算になる可能性もあるのです。

後継者が「社長になることを『自分で』決断した」と自覚して会社を継いでいることが重要です。「やらされた」では力が出ないし、責任転嫁の口実となります。

これまでにうまくいった例を見ると、最もよさそうなのはこの言い方です。

「**私は○○（相手の名）に会社を継いでもらいたい**」

ポイントは、主語が自分であることです。あくまで、自分の希望を伝えるまでにとどめてください。人事異動の辞令のように命令にしてはいけません。

二人三脚で経営を続けてきた60代半ばのご夫婦がいらっしゃいました。私と一緒に事業承継など今後の着地戦略について考え、「三女の夫婦に委ねよう」という方向性が決まりました。いざ、社長夫婦、三女夫婦、そして私が一堂に会して方針を伝える場面がやってきました。

「俺は、次、お前たちがやればいいと思うんだ」

社長が口を開きましたが、いきなり約束が違います。「次の社長になってほしい」という言い方をしてもらうよう話をしていたのですが、照れてしまったのでしょう。私は目で「違う！　違う!!」と訴えました。そのサインを感じ取ったのは社長の奥様でした。社長から発言を奪い、語りはじめます。

「私たちは先生と話をしながら、あなたたち（三女夫婦）に社長を継いでもらいたいと思ったの……」

社長の奥様は、これまでの仕事を語りはじめました。嫁いだ当初は姑に認められず、悔し涙を流しながら懸命に仕事をしたこと。三人の子育てまであったのに、夫は青年会議所の活動だと毎晩飲み歩いて帰ってこなかったという愚痴。ある事件で損失が発生してお金に困り、途方に暮れたこともあったこと。「商売は大変なの。でも、私は商売が好きで、この会社も好き。あなたたちが後を継いでくれたらうれしいわ」と、最後は締めくくりました。奥様と三女の夫婦の目には涙が浮かんでいます。

しんみりしたところで、私から会社の承継について詰めさせてもらいました。継ぐか継がないかの判断は三女の夫婦に委ねること、NOの場合は社長がM＆Aか廃業を決めること、検討や準備のため半年の期間を設けること。このような約束を、みんなで共有しました。2週間くらい経って、三女さんから私に「会社を継がせてもらいたい」と電話がありました。

おさらいすると、まず命令や義務としてではなく、希望として伝えることです。その時、自分たちがどういう思いで何をしてきたのか伝えられると、お互いにとってよい機会となりそうです。

決断はあくまで相手に委ねましょう。後継者といっても、事業承継という土俵では対等な立場です。交渉相手でもあります。会社を引き継げばリスクも背負うし、生き方はかなり制限されるのだから、相手にも選択権があってしかるべきです。勇気をもって選択権を一度手渡さなければ道は拓かれません。「選択権を渡して、断られたらどうしよう……」と心配になるかもしれませんが、ダメなら最後は廃業するまでです。そのために最初から廃業までを視野に入れているのです。

なお、相手からの回答には期限を設けることをおすすめします。急かすのはよくないですが、締め切りがないとウヤムヤになってしまう危険もあるためです。

後継者が頼りなくて不安な場合の対処法

後継者を決めきれない原因の一つとして、前述のような後継者への不安があります。社長と接していてよく聞くのが、「まだまだあいつには会社を任せられない」という声です。最前線で体を張ってきた社長からすれば、後継者が見劣りしてしまうのは仕方ありません。それでも思い切ってやらせてみるしかないことは念頭に置いておきましょう。人間は、自分でやってみて失敗しながら学ぶものです。社長も最初はそうだったはずです。しかし、先代社長が先回りして失敗の芽を摘み、後継者のチャレンジの機会を奪ってしまっているケースは多いものです。「何か新しいことをやろうとしたら、社長にすぐ止められる」というクレームは後継者からよく聞きます。とにかく、やらせてみればいいのです。それで失敗するのは必要な授業料です。

私の周囲の30代や40代の後継者社長から話を聞くと、業績を伸ばした人は会社を継ぐ前に好き勝手やっていた時期が共通してありました。自分の担当している部署の場所と、社長のいる場所が別だったことで味をしめ、社長には適当に報告をして、後はやりたい放題だったというケースもありました。その方は、後に革新的なビジネスを展開し、業界のカリスマと呼ばれるまでになっています。

後継者の能力不足を補う「分社」という方法

とある経営者の会合で事業承継について講演したことがあります。その時参加者から一番反応があったテーマが、事業承継における分社でした。その会合には日本各地から社長が来られていました。地元の名士が多かった模様ですが、後継者問題については、皆さん「自分の代わりに社長をできそうな人間は社内にいない」という壁に直面されていたようです。

私は、事業承継の際に、会社を別々に分けて、それぞれの会社ごとに別の社長を置いた例をお話ししました。次ページの図のように、**一つの会社を一人の後継者に継がせるのではなく、複数の後継者に継がせるというイメージです**。たとえば、三つの事業部があり3人の事業部長がいます。その事業部をそれぞれ別の会社にしてしまい、それぞれの事業部長が社長を務めます。全社を1人でケアできる能力を持つ社長はいなくても、自分の事業部だけなら回せるというケースにマッチする案です。

分社手法は秘策であり劇薬

「分社、なかなかよいな」と思われたかもしれません。本書でも、これから分社を使っ

分社の例

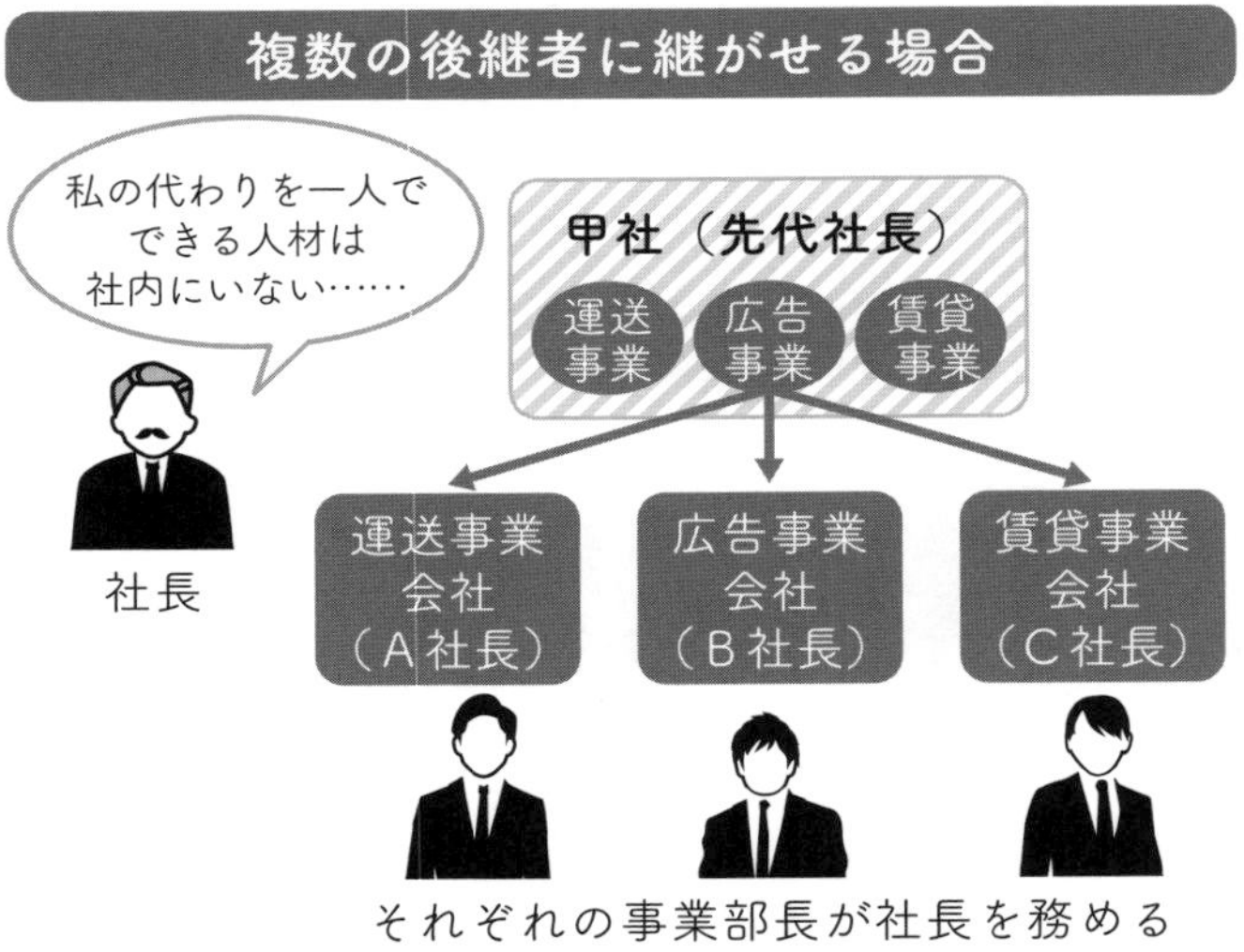
複数の後継者に継がせる場合
私の代わりを一人でできる人材は社内にいない……
社長
甲社（先代社長）
運送事業
広告事業
賃貸事業
運送事業会社（A社長）
広告事業会社（B社長）
賃貸事業会社（C社長）
それぞれの事業部長が社長を務める

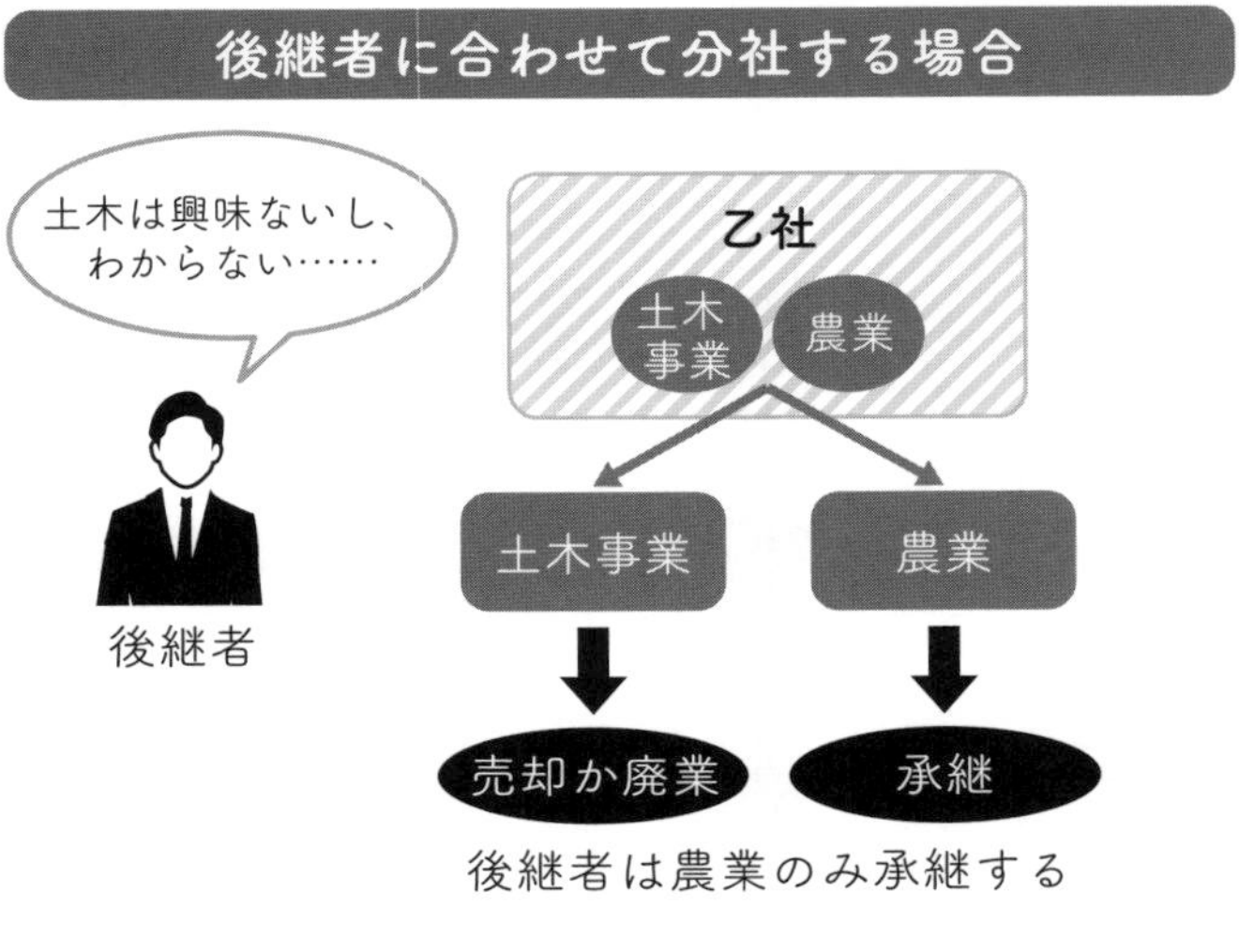
後継者に合わせて分社する場合
土木は興味ないし、わからない……
後継者
乙社
土木事業
農業
土木事業
農業
売却か廃業
承継
後継者は農業のみ承継する

た事業承継の打開策をいくつかご紹介していきます。**中小企業の着地戦略では、「会社を分ける」という単純な道具が未来を切り開いてくれる場面はたくさんあります。**

一方で、落とし穴もあれば副作用もあることは忘れないでください。ここで分社を使う場合の注意点を三つ喚起しておきます。

一つ目は、分社をすれば会社の体力が奪われるということです。分社の手法は、人間に例えると手術です。漢方薬や東洋医学のような副作用がほとんどない代わりに、ジワジワとしか効かない改善策があります。一方、手術のような劇的な改善につながる可能性があるものの、体力を奪い、ダメージを残す改善策もあります。分社は後者です。「使わないで済めば使わないほうがいい」という位置づけの手法です。

二つ目は、意思決定から逃げることに使わないことです。

「後継者を誰か一人に絞って継がせるのがいいと自分ではわかっている。でも、一人に絞ることに気が引けてしまっている……」

こんな時に分社案を提案されると、思わず飛びついてしまいます。しかし、決断の苦痛から逃れるためだけに利用するようでは、その先うまくいきません。

三つ目は、よいコーディネーターやガイドがそうそう見つからないということです。会社の大手術と言うべき策を打とうとしているのに、プロの力を借りないというのは論外です。しかし、まともに作戦を立てて分社を実行できる人は、そういません。弁護士、司法書士、税理士、中小企業診断士といった士業と呼ばれる職業の人が主な相談候補になると思いますが、資格を持っていたらできるというわけではありません。

できない理由は二つあります。一つは、知識や経験が乏しく、技術がないからです。専門家といえども分社を手掛けたことがある人は、そんなにいません。あったとしても、自分の専門分野に限定した範囲での関わりであることが多いです。中心に入ってプロジェクトそのものを組み立てた経験を持つ人はめったにいないと考えてください。

ただし、技術や経験の問題は資格業の人ならばどうにかなると思っています。専門家の彼ら彼女らには数字や法律などの素養があるし、自分ができなくても補うための人脈や調査能力があるはずです。

問題はもう一つの理由である、姿勢です。専門家と称される人は、自分の職務の範囲や、自分の仕事のやり方をなかなか崩そうとしません。例えば、ここでほしいのはただの税理士ではありません。そこから一歩踏み出して、コンサルタントや参謀役になってくれる人です。「税務のリスクがありますよ」と危険を示唆するだけでなく、一緒になって「どうすればいいのか」を考えてくれる人なのです。仕事を頼む前に、どこまで、どんなふうに関わってくれるのか、よく話し合ってください。

内部承継における三つの株式の譲り方

「会社を譲る」と言いますが、実際にはどういう手続きでしょうか。普通の場合は株式を譲ることを指します。逆に言えば、株式が後継者に渡らないようでは、事業承継が完了しません。**後継者に株式を譲る方法には贈与、相続、売買の三つがあります。**

一つ目の贈与の場合は、贈与税が問題となります。次に説明する相続に比べると税率が高いです。そのため実務では贈与を使うことは避けたり、税金への配慮を十分にしながら利用します。株価が安い会社ならば、贈与で簡単に後継者に株式を手渡すこともできますが、資産があり黒字の「横綱相撲ゾーン」の会社は株価が高いことが多いため、利用は慎重にならないといけません。

相続が起きると、故人の財産は相続人に受け継がれます。株式を持った社長が亡くなれば株式も同様に相続人に受け継がれます。子が後継者の場合は、こうして相続で株式が譲られることが多いでしょう。ただし、相続が起きると、全相続人参加による遺産分割協議を経る必要があります。すると、スムーズに後継者が株式を手に入れることができない場面が出てきます。そのため社長には遺言作成が必須です。遺言を利用すれば、ストレートに株式を後継者に届けることができます。

二つ目の相続の場合でも、税金の問題がないわけではありません。贈与税に比べれば比較的税率は低くても、相続税が課税されることがあります。株式の株価が高くなっていると相続財産の評価が高くなり、ひいては税額も増えてしまいます。しかも、中小企業の株式は換金がしにくく、評価ほどの資産価値があるとは言いがたい状況が多々発生しています。現金や不動産などの財産とは大きく異なる点です。

要は、株式が高く評価されて相続税の税額が増えるけれど、肝心の現金はない状況に陥りやすいのです。税理士目線での事業承継とは、従来からこの問題のことでした。着地戦略の全体像からすると部分的な問題ではありますが、該当する会社にとっては頭が痛いところ。税金対策もしっかりやっておきましょう。税金問題については書籍などが豊富に出ているので、興味ある方はそちらをお読みください。

ここでは絶対外してはいけないと思うアドバイスだけさせていただきます。それは、**あくまで経営が主役**だということです。節税の手法の中には意図的に利益を減らしたり、手元の現金を減らす結果になるものがあります。これらの手法を使うと、株価を引き下げることは可能かもしれません。しかし、同時に会社経営を弱体化させてしまう副作用もあるのです。事業承継対策のために、会社経営が暗礁に乗り上げるような危機を招いては本末転倒です。

株価に対する特例として事業承継税制たるものもあります。うまいことやれば、株価を0円とすることもできるようです。しかし、将来取り得る選択肢を減らすことになる可能性があります。たとえば、未来の社長がM&Aをしたいと思っても、過去に使った事業承継税制の特例のため、その道を断念しなければいけなくなるケースがありそうです。社長は「その節税スキームを採用したら、会社経営にどんな影響があるのか」をよく意識しておいてください。相談をしている税理士は、そこまで視野が広くないかもしれないからです。

株式の後継者への渡し方の三つ目は、売買です。後継者が従業員をはじめとする家族以外の人間となると、売買で株式譲渡を試みるケースが多いと思います。家族でもない相手に無償で会社を譲ってあげるとなると、違和感を覚えるのが普通の感覚でしょう。こんな時は、お金を出して買ってもらうほうが自然です。

なお、子どもであっても売買をしてはいけないわけではありません。支援したあるインフラ整備関連会社の社長の息子さんは、経営権を手放さない父親に業を煮やし「株式を時価で買い取るから、オヤジは社長を譲れ」と条件を突きつけました。「その条件を飲んでもらえないなら、会社をやめて起業する」とまで言うのです。結局、社長が息子の覚悟に折れて、親子間での株式売買が行われました。

「親子で株式の売買なんてやり過ぎでは」と思う方もいるかもしれません。しかし、私はこれが本来の形なのだとも思います。経営者になろうという人間ならば、経営権を意欲的に先代から奪うくらいでちょうどいいのです。譲られた会社に対して対価を払うのも当然です。

今の事業承継は、先代が一から十までおぜん立てしてあげるものになっています。本当の主役はこれからの後継者のはずですが、あまりにおとなしいと感じるケースもあります。なお、父から会社を買い取ったその後継者は、事業承継後、順調に会社を育てています。さすがにそこまでやる人間は違います。

株価が高すぎて売れない&買えない問題は「分社」で解決

それでは、後継者を従業員にする場合の株式の売買について考えていきましょう。「横綱相撲ゾーン」は、株価が高くなりがちです。一方、後継者は仕事ができたとしても、株式を買い取れるほどの資力を有していなくて普通です。後継者が子どもならば相続で株式を渡すことで逃げられます。しかし、血縁がない相手となるとそうもいきません。贈与するにも税金の問題が生じます。

まずは、こういう場合でも後継者は固定し、いかに実現するかを考えましょう。「後継者はAさんがふさわしいし、私としてもAさんにやってもらいたい」というのがあなたの本心だとします。しかし、Aさんにお金がないからといって、後継者にふさわしくないBさんに候補を変更するのは邪道です。方針を決めたなら、実現できるよう最後まで粘り強く策を練りたいところです。

次に具体的なやり方を考えてみます。まずは、後継者に金融機関から融資を受けて買い取ってもらう方法です。代金を分割払いにする方法もあります。この場合は、最後まで代金を回収できるかというリスクが残ります。最後は、再び分社を使ったやり方です。

ある社長は事業承継の詰めをどうしようか悩んでいました。ご高齢ながら頭の切れる社長でしたが、「ここ半年、ずっとよく寝られへんねん」とこぼしていました。事業承継問題は、有能な社長をしてここまで神経をすり減らさせる話なのです。

3年前、社長は自分の後継者にしようと、他社からある若者をヘッドハントしてきました。彼は現場の仕事を覚え、社長も75歳になり、いよいよ事業承継をしようとしました。ところが、株式売買の代金で引っかかりました。顧問税理士に聞くと9000万から1億円の売買価格が妥当との意見です。そんなお金は彼にありません。「銀行から借りられるかもわからないし、そんな大きな借金を背負ってまで買い取る気にもなれない」と、困っていました。

そこで私が提案したのが、事業を分社させる案です。株価が1億円近くした理由のうち、7000万円近くは工場の土地建物の価値でした。それならば、不動産と事業を分ければ、事業の価値は大幅に下がります。工場まで買い取ろうとするから値段が上がるのです。**工場は元の会社に残して、事業を別の会社に分社し、こちらの会社だけを後継者が引き継ぐ**方向で策を練ることにしました。

後継者は新たに会社を設立し、在庫商品や売掛金、買掛金などを事業譲渡で引き受けました。事業を引き継ぐ対価として1200万円を元の会社に対して支払ってもらいます。工場がなくなったので株価は大幅に安くなりました。元従業員でも手が出せる金額です。

こうして、事業は後継者に引き継がれました。後継者の会社は、元の会社に工場利用に対する家賃を支払います。元の会社からすれば、事業というソフトのみを後継者の会社に譲り、今後は、所有する不動産を貸し出す大家業に転じたことになります。株価が高すぎる時にも分社の手法が生きる時があるという事例です。

分社で株価問題を解決する

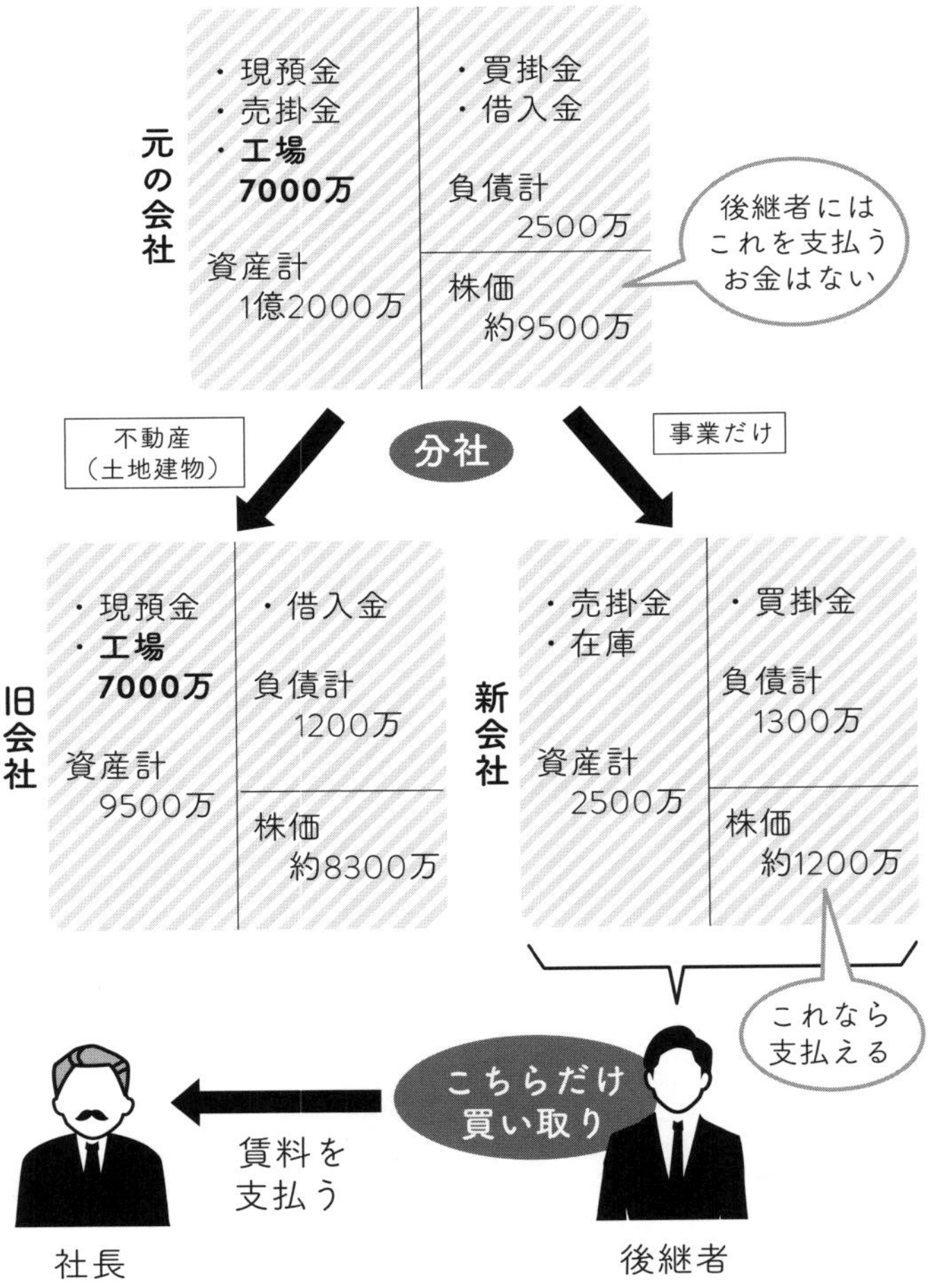
元の会社
・現預金
・売掛金
・工場
7000万
資産計
1億2000万
・買掛金
・借入金
負債計
2500万
株価
約9500万
後継者には
これを支払う
お金はない
不動産
（土地建物）
分社
事業だけ
旧会社
・現預金
・工場
7000万
資産計
9500万
・借入金
負債計
1200万
株価
約8300万
新会社
・売掛金
・在庫
資産計
2500万
・買掛金
負債計
1300万
株価
約1200万
これなら
支払える
こちらだけ
買い取り
賃料を
支払う
社長
後継者

会社を上手に売るコツ～M&A～

会社への勝手な過大自己評価は厳禁

次にM&Aを目指す場合を考えていきましょう。細かい話を書きはじめたらきりがないので、落とし穴にはまらないようにするための入り口の話にとどめます。

まず、M&A業者の営業トークは、気持ち半分で聞いておくのがよいかもしれません。「社長、M&Aでハッピーリタイアなんて最高ですよ！」なんて、よい話ばかりをしてくる可能性があります。でも、そんなにおいしい話ばかりが転がっているわけではありません。特別によかったケースがあるのならば、隠されている悪いケースだってあります。

営業マンのリップサービスには注意しておきましょう。M&A業者に「社長の会社ならば３億で売れますよ」と言われて、色めき立った社長と会ったことがあります。思いもよらぬ金額に心を打たれ、すぐＭ＆Ａに動きはじめたようです。しかし、いくら縁談を重ねても金額の折り合いがつきません。社長の頭には当初の「３億円」がこびりついてしまっているため、それ以下の値段の提案では納得できなかったのです。結局どこにも売れずじまいとなってしまいました。

この社長の話から得られる教訓は、「現実的にものを見る」に尽きます。この点、読者の皆さんは大丈夫なはずです。清算価値という現実が見えているからです。

もし、**この社長が「会社が売れないで廃業になったらどうなるか？」という廃業視点でものを見ていたら、会社を手放せていたはず**です。たとえば、相手が「２億円で買いたい」と言ってきたとしましょう。「誰にも継いでもらえなかった場合の清算価値である８０００万円よりはマシだ。高望みしないで手を打っておこう」と、考えられたはずです。

この社長は結局、会社を倒産させています。Ｍ＆Ａの話は、私が出会う10年ほど前の出来事だったようです。私のところにはＭ＆Ａの相談を持ち掛けたのではなく経営再建の相談をしに来ました。しかし、どうにもならない状況だったため、仲間の弁護士を紹介し、粛々と法的に整理するしか手がありませんでした。

やり取りをしていた期間、社長は何度も「あの時なら3億で売れたのに……」と、愚痴をこぼしていました。皆さんにはこうなってほしくありません。期待だけを膨らませて足をすくわれないようにしてください。

あなたの会社にM&Aの手数料2000万円は適正か？

M&Aに着手している社長の話を聞くと、アドバイザーと呼ばれる業者選びですでにミスマッチを起こしているケースがあります。簡単に言えば、売り物（会社）に対して手数料が極めて高い業者と契約してしまっているようなケースです。極端な例では、5000万円くらいで売れれば御の字の会社なのに、成功時の手数料が2000万円必要な契約をしている場合もありました。さすがに、手数料の比率が高すぎます。

M&A成約時の手数料はそれなりにかかることは知っておきたいところです。そのうえで、価格帯や業者のタイプはいろいろあるので、自社に合ったところを選びましょう。通常、不動産の宅建業者の手数料のように「売値の３％」といった基準がありますが、それとは別に最低報酬額も用意されています。銀行がＭ＆Ａを受託する時は、パーセントで計算しても最低報酬額に達しなければ、約２０００万円の報酬を要求することが多いようです。中小企業のＭ＆Ａを専門的に行っている業者もあります。こちらの場合でも、最低１０００万円以上を設定しているところが多いでしょう。なお、Ｍ＆Ａ業者にお金を支払うのは、売り手のあなただけではありません。買い手も業者に手数料を支払うことになります。

一般論としては、小さな会社が、これらの銀行やＭ＆Ａ業者を使うと、費用と成果のバランスが合わない場合が出てきてしまいます。買い手の間口を狭めることになるし、売れたとしても手元に残る金額が小さくなります。

このような状況を背景に、最近では小さな会社向けのＭ＆Ａサービスやツールも登場してきました。スモールＭ＆Ａと称し、最低手数料を２００万から３００万に設定したＭ＆Ａサービスを展開している業者もあります。税理士や中小企業診断士、司法書士などの士業のプレーヤーが参戦するケースも増えました。また、インターネット上でのＭ＆Ａマッチングサイトも活性化してきています。広く相手を募えるため、買収希望を持つ相手との出会いが低コストで実現できるようになっています。

ご自身の会社に合うＭ＆Ａ業者はどこかは慎重に決めてください。ミスマッチを起こしているケースで、なぜそのＭ＆Ａ業者を選んだのか聞くと「紹介されたから」と答える社長が多いところです。紹介は安心だと思われがちですが、**紹介者があなたに本当にマッチするかまで考えていないケースは多々あります**。裏のつながりだけでそこを紹介している場合だってあるのです。

会社を廃業する準備

賢い社長は先に撤退ルールを決めている

最後は廃業についてのコメントでこの資産も利益もある「横綱相撲ゾーン」の説明を締めくくりたいと思います。基本的には経営状態がよい会社で、廃業を積極的に選ぶ社長は少ないと思います。それでも、抱えている背景やご本人の考え方次第では、こちらを選択する人もいることでしょう。後継者が見つからないケースや、M&Aが成約しないケースは十分に考えられます。

「廃業まで視野に入れて着地戦略を練りましょう」という提案は、このゾーンでも同じです。廃業まで視野に入れておくことが、判断の誤りを回避してくれます。

すぐ引退をするつもりがない社長は、**「撤退ルール」**を設定しておきましょう。**「こうなったらすぐに廃業する」という条件を事前に決めておくことがおすすめです。**人間は、マズい状況に陥ると冷静に判断ができません。そして、順調な時は、欲が出て引き際を見誤りやすくなります。皆さんも、他人のそのような失敗を見たことがあると思います。他人事ならば「冷静になればいいのに」と思えても、自分がその立場になるとそれは難しいのです。そこで、**あらかじめ撤退条件を決めておくことに意味があります。**

以前、カジノの世界で生きている人の話を読んだことがあります。やはり撤退が一番難しいそうです。負けていたら「次こそ勝って損を取り戻す」となるし、勝っていたら「まだまだ勝ちたい」と欲が出ます。頭は熱くなっているので冷静な判断なんてできません。そこで、事前に時間を決めておき、その時間がきたら自動的にホテルに帰るようにしているということでした。どんなに勝っていようが、負けていようが「夜の11時を過ぎたらカジノを去る」という具合です。いちいち考える余地はありません。

「先に撤退ルールを決めておくことでその時に悩まない」というのは、私たちにも参考になるやり方です。皆さんも、自分の年齢や業績で、あらかじめ撤退ルールを決めておいてはいかがでしょうか。たとえば、68歳になっても事業承継が解決していなければ廃業する、２期赤字が続いたら会社を手放すなどです。

会社経営は一度傾き出すとすごいペースで崩れていきます。この章で紹介した3億円で自社を売りたかった会社は、10年後には倒産しています。先回りして今のうちから撤退ルールを決めてしまうことで、手遅れを防げます。

第４章まとめ

廃業視点の着地戦略

鉄則① 自分自身を知って方向性をしっかり固める

鉄則② 後継者選びの困難は分社で突破できる場合があることを知る

鉄則③ M&Aならば適切なツールと専門業者選びを意識する

第5章

債務超過×黒字は「時間を味方に」

第5章

利益があるから事業を続けられる

なぜ負債が資産を超えるのか？

これから解説するのは債務超過×黒字の会社群です。現在は収益的には黒字でも、過去から積みあがった借金が大きいなどの理由で、会社をたたむと負債が残ってしまうという状況はあります。このゾーンは「時間が味方ゾーン」と名付けましょう。時間の使い方と借金対応が攻略の鍵となります。

そもそも、利益が出ているのに、どうして資産よりも負債が大きくなることがあるのでしょうか。大きくは三つあります。

一つ目は、過去の投資の失敗です。「新たな事業を創ろうと投資をしたけれど、事業は離陸せず、借金だけが残ってしまった」という場合です。

二つ目は、事業を再建し、最近になって黒字化できたケースです。「ずっと赤字が続いていたため負債が膨れていた。しかし、事業にテコ入れをして年間の収支はプラスにすることができた」という場合です。赤字の垂れ流しは止められたものの、過去の負債まで消すことはできていないので、「時間が味方ゾーン」に位置します。

三つ目が、資産が目減りしてしまったケースです。「かつては資産のほうが負債よりも大きかった。ところが、地価が高い時に購入した土地が値下がりしたため、債務超過になってしまった」という場合です。

「廃業した時どうなるか？（＝清算価値）」を基準にする廃業視点の着地戦略では、資産の数字を処分可能な金額に引き直します。そのため、決算書上は負債よりも資産が大きい会社でも、負債に逆転されてしまうことがかなりあります。悔しい結果ではありますが、それが今の現実だと受け取ってください。

どんなに借金があっても利益があれば事業は生かせる

利益さえ出ていれば会社は生き続けることができます。「時間が味方ゾーン」の場合、たしかに負債が大きいです。支払い義務もあります。しかし、こんな場合でも負債の支払い額を利益の範囲内におさめればいいだけです。そうすれば、理屈の上では、会社は死にません。

もちろん相手がある話なので、こちらの都合通りにいかないこともあるでしょう。しかし、意図を持って振る舞うことが大切です。通常、負債の大きな部分は金融機関からの借金です。今はかなり簡単に返済猶予を認めてもらえる時代です。利息だけ支払えば、元金の返済は止めてもらえる場合も多いでしょう。利益が出ていて、さらに借金の元金の返済を止めてもらえる状況が続けば、会社が潰れることはないのです。

話をものすごく単純化させていることをお許しください。強調したいのは「**利益が出ていれば『事業』は生き続けることができる**」ということです。会社ではなく、事業と言っているところもポイントです。**必要に応じて負債の支払いをコントロールすればいいだけです。**これは、「時間が味方ゾーン」での立ち振る舞い方の大切な感覚となります。

過大な負債から利益の出ている事業を救出できるか？

利益が出ている事業はそもそも尊いのです。たとえ裏にどんなに大きな借金を抱えていようが、利益が出ていれば事業は自走が可能です。

仮に、借金だらけで資産より負債が2億円多い会社があるとします。売上は2000万円で、利益は毎年300万円しか出せません（借金返済は考慮しない）。どうしようもないレベルの財務状態です。負債の規模からすると、売上も利益も少なすぎます。融資をした銀行の視点では最悪の評価でしょう。すでに破綻した会社と見られているはずです。

しかし、借金と事業を切り分けられれば、この事業はまだやれます。売上2000万円で利益が300万の事業ならば、一人か二人はこの仕事で食べていくことができるのです。こういう視点に立てば、利益を出せる事業というものに対して、より価値を感じないでしょうか。

実際に、過大な負債から利益の出る事業を救出した事例を紹介しましょう。美容室を10店少々展開していた会社のケースがあります。イケイケで放漫経営を続け、気が付けば借金が膨らんで返済に行き詰まるようになりました。

このままストレートに会社を破産させることも考えました。しかし、10店あったうち半数弱は黒字店です。従業員もいれば、ひいきにしてくれているお客さんもいます。残せるものは残したい。そこで黒字店だけでも会社から切り離して生かす策をめぐらせました。

黒字店は、店長などが買い取り、事業を継続してもらえることになりました。雇用やお客さんもそのままです。すると赤字店と借金を抱えた元の会社が残ります。こちらは自己破産を申し立て、法的に整理しました。弁護士、さらには裁判所との連携がうまくできたため、非常にスムーズに作戦を実行することができました。

利益を出していれば銀行も事業を残すことを認めてくれる

「黒字店を残すことに銀行が同意しないのでは？」と疑問を持たれた方がいるかもしれません。ところが、反対の声は一切ありませんでした。もしこのアクションが、社長の恣意的な利益保全や、銀行が一方的に損害を被るものだったら、激しく反対されたはずです。

しかし、この取り組みは、銀行にとってもメリットが残るように設計されていました。何もしないでストレートに破産をするより、一部の店舗を買ってもらったことで銀行に返済されるお金が増えます。また、雇用の維持などで地域経済に対するマイナスも軽減されます。銀行だって自分たちにもメリットがあれば文句は言いません。**この手の取り組みは、関係者の利益も向上させることが大切です。**

利益を出している事業には価値があるのです。そして、**利益が出ていれば、たとえ借金が大きくてもこうして事業を残すことができる**ことも知っておきたいポイントです。

逆に言えば、利益が出ていなければどうにもなりません。資金繰りに苦しくなって切羽詰まった社長が「借金さえどうにかできれば」と右往左往するケースがよくあります。利益が出ていないのに、です。この姿勢が浅はかなのは、ここまでの話でおわかりいただけるでしょう。たとえ、民事再生などの法的ツールを使って借金を減らしたところで同じです。利益が出ていなければ自走はできないのです。その場しのぎの延命にしかなりません。利益を出せる事業は貴重です。そんな事業が、借金のせいで一緒に潰されることのないよう願います。

あえて時間を長引かせる作戦を取ることもある

利益が出ている「時間が味方ゾーン」では、あえて時間を長引かせる作戦を取る場合もあります。次章で解説する「逃げるが勝ちゾーン」との大きな差です。なお、社長の死亡による強制退場は避けるべきだと前に語りました。しかし、このケースでは、意図的に相続を利用するので意味合いが異なることを補足しておきます。

コンサルティングをしたとある旅館は、大きな借金を抱えていました。設備投資の積み重ねでの借金です。地価が下がったため、不動産価値も減っています。今廃業すれば、かなりの負債が残ってしまうことは間違いありません。一方、年間収支ではわずかながら利益が出ています。子どもたちは旅館業には関与しておらず、今後も関わらないつもりです。さて、この会社の着地戦略を二つの方向性から考えてみます。

一つ目は、今すぐ決着をつける方向性です。内部承継や外部での売却や、廃業をして、とにかくすぐに解決しようというスタンスです。しかし、どうにも具合がよくありません。まず後継者が家族内にも社内にもいません。M&Aも、負債がかなり大きいため借金を含めて買ってくれるところを見つけることは困難です。最終手段は廃業ですが、今会社をやめると借金が残ってしまいます。すると、「借金を返済するために自宅を売る」といった状況が待っています。痛みをただちに顕在化させてしまうことになるのです。

そこで二つ目の方向性の検討に移りました。それは「あえて解決しない」というスタンスです。これまで、「決断しないのはダメだと言っていたはず」と思われた読者もいるかもしれません。まずは、説明を続けますね。

幸いなことにわずかな利益が出ているので、まだこのままの状況をキープして引っ張り続けることができそうです。加えて、社長は70歳手前ですが、すぐに引退したいわけではありません。だったら「今すぐ焦って決着をつけなくてもいいのでは？」と、私は考えました。

私の提案に対し、社長も概ね納得してくれました。ただし、このまま策なく放置しておくだけというわけではありません。仮に先延ばしを続けることに成功したとして、必ず待ち受けているものがあります。それは社長の死です。

本当は恐ろしい社長の相続

この旅館業の社長に死が訪れた時、もし家族が相続をしてしまったら、自ら災難を背負いにいくようなものです。**相続というのは資産だけでなく、負債や義務もまとめて引き継ぐ性質**があります。「おいしいところだけもらう」というわけにはいきません。

社長は旅館の会社の株式を持っています。加えて、個人保証と呼ばれる会社の借金の連帯保証もしています。会社が銀行から借りた借金を保証しているのです。

もし、家族が社長を相続すれば、この個人保証も承継します。

もちろん、会社の株式も家族のものとなります。しかし、旅館業はやりたくないので、廃業を選択する可能性が高いでしょう。ところが会社の借金は、会社の資産を処分しただけでは返済しきれないレベルです。残った借金の個人保証も家族は引き継いでいるので、個人資産をなげうってでも返済をしなければいけません。返済できないのならば、破産の可能性も高いわけです。つまり、うかつに相続したらとてもマズいということです。

このあたりのリスクはあまり意識されていないような気もします。中小企業経営者が亡くなったからといって、何気なく相続しているケースを目にします。危機感なく相続すれば、会社の経営が成り立たなくなった時や会社を閉じたくなった時に、時限爆弾が爆発してしまいます。

借金は社長と共に墓場まで

では「時間が味方ゾーン」の会社で社長に相続が起きた時の問題点を、どう解決していけばいいのかを考えていきましょう。

一つは「相続放棄」です。社長が亡くなった時に、相続さえしなければ根本的な問題回避ができます。血がつながっていようが、相続放棄してしまえば法律上は他人です。社長の負った連帯保証の義務だって「私は無関係です。後は知りません」でおわりです。

先ほどの旅館の社長が亡くなった時も、同様です。家族は相続放棄をして、後のことは知らん顔をしていれば、社長の個人保証の問題はそれで解決です。関係者がみんな相続放棄をすれば、個人保証の義務を引き継ぐ人は世の中に存在しません。これで親族は救われました。文字通り、社長が借金を墓場まで持って行ったということになります。

中小企業の社長の相続は、どうしても個人保証の問題がついて回ります。社長の家族が相続放棄をすることまでを視野に入れて、準備をしておいていただきたいところです。

なお、相続放棄については注意点がいくつかあります。まずは裁判所に申し立てをしなければいけない点です。「私は相続しません」と自己宣言しただけでは足りません。原則3カ月という相続放棄可能な期間が定められている点にも注意です。相続放棄の場合、負債を引き継がない代わりに一切の財産も相続できません。ゆえに、一部の財産でも相続したような振る舞いがあると、相続放棄そのものが認められなくなります。

「奥村さん、会社の片付けをしておいて」⁉

再び旅館の事例に戻ります。個人保証の問題は相続放棄で回避できることがわかりました。ただ、残される会社はどうなってしまうのでしょうか。代表者は亡くなっています。相続放棄が想定されているので、株主も不在になります。すると、誰も会社の後始末をすることができなくなる恐れがあります。処分手続きを行う代表者はいないし、株主がいないので株主総会の決議をすることもできないためです。

簡単に言えば、会社を代表して判を押せる人がいなくなるのです。銀行の手続きができなくなり、給与や買掛金を支払ってあげられない状況に陥る可能性があります。廃業の手続きができない場面が予想されます。機能停止した会社だけが残され、関与してきた人が迷惑を被っている状況が目に浮かびます。

「家族は巻き込まれていないし、社長の自分は死んでいるし、後のことはどうでもいいや」という考えは、理にかなっているかもしれません。でも「最後までしっかりケジメをつけて会社を処理したい」と思う方のほうが多いのではないでしょうか。

この社長さんも同じ意見でした。ただ、何とかしたいとはいえ、その手口や実行する人の問題が残り決定打が見つからないでいました。そして、最後には「俺が死んだ後の会社のことは奥村さんが片付けておいてね」と、白羽の矢が私に飛んできました。

社長が亡くなった時に、株式が私（正しくは私の会社）に渡り、私が株主権限を使って会社を清算処分することが本当にできるのか考えてみました。以下、私の心の中の独り言だと思ってください。

「銀行口座をいじる権限を持つ人間さえいれば、未払いの買掛金やお給料は支払える。不動産を売却して銀行の借入返済にあてることもできるはず。うまく話が合えば、旅館事業ごと他社に買い取ってもらえるかもしれない。それでも残った負債については、弁護士を通じて破産手続きで処理すればいいだろう……」

できないこともない気がしました。亡き社長に代わって会社を土に戻す役割です。冷静に考えると、そこまで踏み込んだ仕事をしていいのかという疑問はあります。実際やってみたら、思わぬ問題と直面することもありそうです。ただ、会社が放置されたままになってしまうことと比較すれば、関係者に迷惑をかけないで済むのは間違いないところ。そのお役に立てるならば、という気持ちが勝りました。

現状は、社長亡き後の会社の解体まで責任を負うような仕事は、サービス化していません。あくまでこれまでのお付き合いがあってのことです。信頼できる社長からの依頼であり、会社のこともよく知っているからこその特例ですが、それでもここで紹介したのは、借金の大きい会社における社長の死亡問題について参考になると思ったからです。こんな考え方もあるんだと知っておいていただければ十分です。

あえて今すぐ着地問題の解決を図らないほうがいいこともあるということです。

会社を評価する冷静なものさしが大事

この旅館の事例を紹介し「着地戦略のため、こんな作戦を仕込んでいる会社がありますよ」とお話をさせていただくことが何度かありました（もちろん守秘義務を守りつつです）。その時の反応は、二つです。一つは、「へー、なるほど！」という肯定的なものです。もう一つは「会社がもったいない」という否定的なものです。

後者の反応をされた方は、もしかしたらことの本質を押さえられていないのかもしれません。会社がもったいないというのは、「他人に会社をあげちゃってもったいない」という意味でしょう。もったいないと思うからには、「会社に価値がある」という前提があるわけです。

しかし、このケースの会社は、資産より負債のほうが大きく、純資産はマイナスです。経済的な面において価値はありません。また、放っておけば誰かに負債を押し付け、関係者に迷惑をまき散らす危険があるものです。

引き受けてしまった以上、私は責任を持って処理をしなければいけませんが、それには大変骨が折れます。失礼を承知で言えば、厄介者なわけです。それでも「もったいない会社」と考えられますか。

もちろん、旅館なので土地や建物自体の価値はあります。しかし、それ以上に借金があり、抵当権もついています。実質的な価値なんて何もないのです。トータルで考えれば、会社は価値があるどころか、負債の塊みたいなものです。「タダですらほしくない」という感覚が普通なのだと思います。

印象や感情的な話はひとまず脇に置いてください。そのうえで、会社の価値や数字的な捉え方を再確認しましょう。**会社に対する評価のものさしが狂っていると、着地戦略自体を失敗するもとになってしまいます。**

長くなったのでまとめます。負債が大きくても、利益が出ているのだから、このまま細々と事業を続けていくことができます。すると、個人保証の問題も先延ばしが可能となり、時間を味方にできます。そして、もしこの戦略を取るならば、いずれ起きる社長の相続への対策を事前にしておかなければいけません。

借金完済を狙うか、完済はあきらめるのか？

「時間が味方ゾーン」となる債務超過×黒字の会社は、現在は債務のほうが資産よりも大きい会社です。利益は出ているため、借金への向き合い方が問われます。**方針は借金完済を狙うか、完済はあきらめるのかの二つです。**先ほどの事例は、後者のあきらめた時の作戦でした。

しかし、返済を積み重ねていき、借金の減額さらには完済を目指すことが正攻法です。それが本来のルールであり、健全な振る舞い方とも言えるでしょう。負債が資産よりも減れば、第4章の「横綱相撲ゾーン」に昇格できます。昇格可能な会社には、ぜひこちらを目指していただきたいところです。

ただ、負債と資産、ならびに利益のバランスから、借金を減らすことにガムシャラにこだわることは、あきらめたほうがいい場合があるのも事実です。お金を借りては返し、また借りて。その繰り返しでジワジワと借金が増えている。こんなサイクルが常態化している会社では、あえてダラダラと時間稼ぎをしたほうがよさそうな場合があるのは、先ほどの事例からも伝わったと思います。

借金返済をあきらめるものさしを手に入れる

どちらのスタンスを選択するか、ここで必要になるのが借金に対するものさしです。現場の知恵袋的に聞くのは「許容可能な借金は、年商の半分まで」です。言われ続けてきただけあって肌感覚としては外していない気がします。しかし、もう少し論理的なものさしはこちらです。

> 許容可能な範囲の借金 ＝（税引き後）最終利益 × 10年

「（税引き後）最終利益」とは、1年間で借金返済に回せるお金の上限を指しています。

そして、金融機関は一般的には10年以内の返済を適正な最長期間と見ています。そのため、このような数式ができます。

この数式よりも借金が多い場合、要は「借り過ぎ」ということです。借りすぎているものを完済しようとすれば無理が生じ、どこかにしわ寄せがいきます。ならば、無理はせず、しぶとく延命を狙うという作戦も場合によっては理にかないます。

なお、借金返済の原資は、税引き後の最終利益だということは意識しておいてください。借金（元金）の返済は経費ではありません。借金は、利益を出し、税金を納めて残ったお金で初めて返済できるものです。「税金を払いたくないから利益は出したくない」と言っていたら、借金は減らせません。これが会計のしくみです。

自社の着地戦略を練るにおいて、借金を返しきることを前提にするか、返しきることをあきらめるかは重要な判断となります。借金に対するものさしは頭の中に入れておいてください。

内部で承継する

タダのものを「1000万円出して買え」と言えますか？

各論に移ります。内部承継を目指す場合の戦略から考えていきましょう。

一番の注意点は、後継者がいるからといって、何も考えずにそのまま継がせてはいけないということです。資産より負債が大きい状況です。こんな会社をそのまま後継者に継がせるということは、借金を押し付けているのとほぼ同じです。「**内部承継といえども、外部との取引と同じように考えましょう**」というのは、この本で訴えたいところです。

資産3000万円、負債4000万円の会社があったとします（現時点では利益については考えないでください）。あなたが第三者の買い手だったとして、「この会社をタダであげるから、負債も背負え」と言われてOKしますか？　損得で考えれば、「タダで会社はもらうけど、超過する負債の1000万円は売り手に残してくれ」と要求するか、「別途1000万円払ってもらえるならば、会社を全て引き受ける」と答えるはずです。

内部承継でも本質は同様です。タダで株式を先代からもらえたとしても、こんな会社を承継したら後継者はマイナス1000万円の買い物をさせられたのと同じことです。中小企業の場合、通常、社長は銀行からの借金を連帯保証します。そのうえ、負債のほうが資産よりも大きいスタートでは、後継者にとってあまりに酷ではないでしょうか。

とはいえ、こちらのゾーンの会社には利益が出ています。利益を出し続け、借金返済の目途が立つならば「そのまま継がせる」という判断もありえます。先ほどご紹介した借金のものさしを使って検討してみてください。

旧来の事業承継では、資産と負債のバランスも考えず無策で後継者に会社を継がせる場面が多々ありました。これは、非常によくないということです。廃業視点を持てば、この行為の危なさや不条理に気づくことができます。

後継者に過大な借金を継がせない方法

借金をはじめとする負債を事業の利益で払いきれるならば、後継者に継がせればいいでしょう。問題は、支払えないレベルまで負債が膨らんでいる時です。状況をもう一度確認しましょう。利益は出ています。でも、負債が大きく通常の期間で返済しきれる限度は超えてしまっています。そして、今回は後継者候補がいて、事業の承継を望んでいるというケースです。

同様のケースで過去に次のような作戦を立てたことがあります。

ある伝統工芸の会社でした。若くやる気のある後継者のヒロシさん（仮名）がいましたが、借金が大きくなりすぎていました。さすがにこのまま会社を引き継ぎ、借金を個人保証までしたら悲惨な未来が思い浮かんできます。

父親である社長にこの借金をどうするつもりか聞いても、「さぁ。どうしてもらってもいいよ」とまるで他人事です。将来について話をしようとしても、切迫感がありません。

地域活動やボランティアばかり精力的で、自分の会社のことはほったらかし。外面ばかりよいタイプです。

これでは息子のヒロシさんがあまりにかわいそうです。私はけしかけました。

「社長がああ言うんだから、ありがたく勝手にやらせてもらいましょう」

ヒロシさんのために別の会社を作り、後は好きに仕事をさせてもらうという作戦を立てました。事業の一部を分社化して子会社とし、この子会社の経営はヒロシさんがします。ちょうど新しいブランドを立ち上げていたこともあり、これも子会社の事業としました。分社後、元の会社は父親が経営し、子会社はヒロシさんが経営をします。お互い好きにやりましょう。

狙いのひとつは、父親を困らせること。冗談のようで、ちょっと本気でした。社内のことを息子がなんでもやってくれていたから、社長はえらそうにしていられただけです。

負債が大きいのならば、部分的に継がせるのも一案

そして、真の狙いはもっと先にありました。もともと利益が出ている会社だったので、親会社と子会社で協力すれば当面現状維持はできるはずです。後は、時期が来るのを待ちます。時期とは、親会社が廃業の決断をする時か、父親に相続が起きた時でしょう。どちらも、これ以上の会社継続ができなくなった時です。継続不能となれば、親会社の解体がはじまります。この時子会社と分けていたことが効いてきます。

ヒロシさんが、親会社から子会社の株式を買い取れば、これまで通り子会社の経営を続けられます。株式がヒロシさんに渡れば、もう親会社との関係性はなくなります。これは、親会社が抱えている過大な借金からも隔離されたことを意味します。もう返済しなくてよくなるのです。もちろん子会社を買い取るための費用は必要です。しかし、膨らんだ親会社の借金を全て丸ごと背負う必要まではなくなります。ずっとマシな結果になるでしょう。

借金を切り分けて会社を継ぐ方法

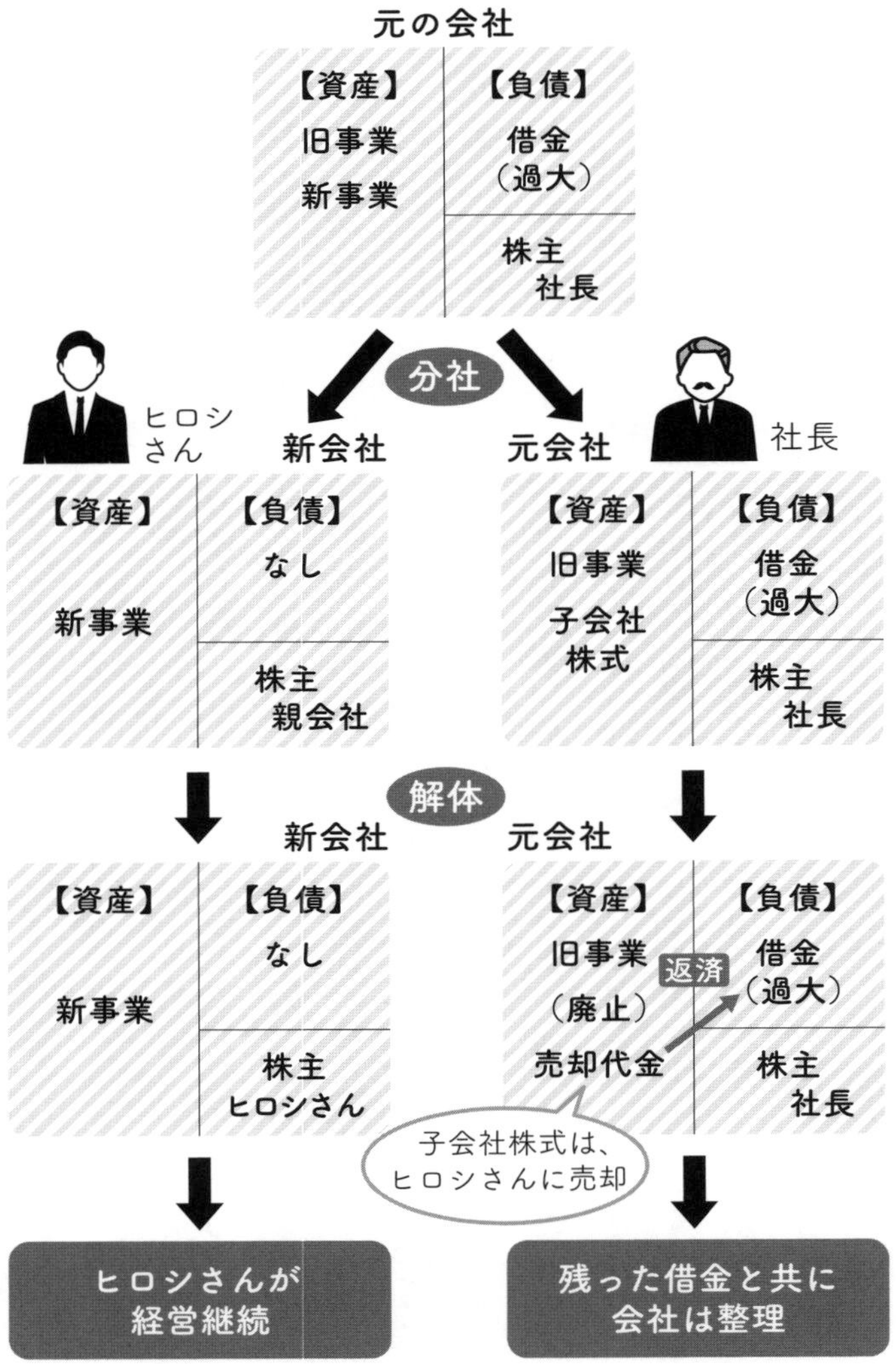

会社は丸ごと継がせるだけが能ではありません。負債が大きいのならば、部分的に継がせることも一案です。こうして資産と負債のバランスを取ることもできるはずです。なお、後継者まで借金の連帯保証をさせられていると、こうした作戦は立てられなくなります。**事業承継前に後継者を連帯保証人にすることは絶対回避すべき重大ポイントです。**

事例の会社は仕込みをおえてから数年経ち、後継者的にはいつでも準備ＯＫという状況にあります。子会社の経営は順調で、思った以上に稼げています。「このままだと、親会社の借金まで普通に返せる」という予想外の展開もありえるかもしれません。社長は相変わらずで、悪びれることなく子会社に助けを求めてくるようです。孝行息子のおかげで、ふざけた社長が助けられるという結果になるのは少々複雑な気分です。

それでも、新会社を作り、後継者がのびのび仕事に打ち込める環境が生まれ、より力を発揮できるようになったとも考えられます。結果オーライなのかもしれません。

事業承継を精神論で語るなかれ

「親の作った30億円もの借金を引き継いで、後継者が会社を再建！」という類の話を聞くことがあります。後継者が火の車だった会社に飛び込み、死に物狂いで父親や従業員、会社存続のために借金の返済をした、というものです。あえて火中の栗を拾って、会社を再建させたというのは本当にすごいことです。私たちの心を揺さぶる感動があります。

半面、こういうケースを見聞きすると、「私はもっと上手にやれたのではないか」と思ってしまいます。しかし、無茶をしたらたまたまよい結果になっただけです。事業承継などの着地戦略をただの精神論で片付けてはいけないし、浪花節に酔うのは危険だと思っています。

時代の差も大きいです。ドラマを語る本人が経営してきた当時と今では、時代がかなり変わっています。**経営環境はシビアになり、一発逆転の可能性が低いのが現代だと言えます。**当時に通用したものは、今では通用しないと考えるのが無難でしょう。

私は、ただ後継者が普通に会社を継げる世の中にしたいと思っているだけです。その ためにどうにか突破できる作戦を立てようと日々試行錯誤しています。えらく特殊なこ とをしているように思うかもしれません。人によってはズルいことをしていると批判す るかもしれません。でも、すごく当たり前のことを私はしているつもりです。後継者と いえど大きくなりすぎた借金まで継がされる筋合いはありません。

M&Aを目指す

やっぱり分社ならば会社を売ることができる

続いて、M&Aを目指す場合を考えてみましょう。

債務超過×黒字の会社をM&Aで買ってもらえたら本当にありがたいことです。誰も買わなければ、廃業になって負債が残りますが、買ってもらえたら、負債は手元に残らないため責任を負わずに済みます。この差はまさに天国と地獄です。

ここは、廃業視点が最も効果的な働きをしてくれるケースかもしれません。自分の会社の現実が見えていないため、高望みをし、もったいぶる社長は後を絶ちません。でも、私たちは地に足を着けて判断ができます。

とはいえ、負債が資産に比べてあまりに大きくなりすぎていると、やはり買ってもらえません。でも、事業は利益が出ているので価値があります。ということは、この場合も分社です。何とかの一つ覚えみたいですみません。

事業譲渡や会社分割を使って、事業だけを別の会社にします。負債丸ごとならばともかく、事業だけならば買ってもらえるケースは多いはずです。しかし、無事に事業は売れたとしても、残された元の会社のことが気になるところでしょう。この会社には借金が残されているからです。事業を売却した後は、廃業パターンの考え方と同様です。後ほど説明します。

ここでは別の論点である、「詐害行為」について考えます。要は、分社を使って事業だけ売却することを債権者が認めるのか、法的に許されるのかという点です。込み入った話になりますが、着地戦略の本質論が垣間見えるところなので、がんばってついてきてください。

第二会社方式や会社分割はリスクが高い？

会社を良いほうと悪いほうで別会社に分けて、良いほうだけを残そうとする手法を「第二会社方式」と呼ぶことがあります。分社のためには会社分割というツールを使うことが多くありました。債務超過×黒字の「時間が味方ゾーン」の会社で、事業を分けて残そうとする取り組みも、この第二会社方式に類似します。

皆さんが周囲の専門家に相談すると、第二会社方式や会社分割という言葉を出しただけで批判的な反応をされることがあるかもしれません。会社分割という制度ができた時、その制度を使ったスキームの乱用が問題となったことがあるためです。胡散臭いコンサルタントも登場していました。

スキームの理屈はこういうものです。過大な借金を抱えている会社において、事業とそれに必要な資産や負債（買掛金など）を会社分割で子会社に移します。この時点で、元の親会社は資産に子会社の株式を持ち、負債には借金が残されていることになります。いろいろとあった資産が子会社株式に姿を変えました。ただこれだけなのです。

しかし、債権者の銀行の立場からすると大きな影響があります。たとえば、資産が売掛金や不動産だった時ならば、いざとなれば差し押さえて競売ができます。一方、子会社株式となってしまうと、競売にかけたところで換金できません。どこぞの中小企業の株式を好き好んで買う人はいないためです。会社分割でこの状況を作り出せば、親会社の借金から事業を切り離して継続できるというものでした。

普通に考えれば、いくらなんでもやり過ぎな感じがします。でも似非《えせ》コンサルタントからのおいしい話に飛びついた経営者も当時はいました。後に、裁判所は乱用とも言えるこのような会社分割を否定しました。裁判所の判断を受け、資格業などの専門家の中には、会社分割や第二会社方式という言葉を聞いただけで「ダメ」「危ない」と脊髄反射をする人が現れることになりました。

ここからは私の持論です。そもそもの話として、経営において汚い手を使うと、ろくな結果にならないと感じています。堂々とやったほうがいいというのは、きれいごとでもなんでもありません。そのほうが結局、会社や社長の利益につながります。後ろめたさを引きずったままよい仕事をするのは困難です。たとえズルをして一時の利益を手にしても、どこかでそれ以上のマイナスを受けてしまいます。因果応報です。だから、第二会社方式を使って、コソコソ銀行の借金を飛ばそうとするような発想は捨てたほうがいいでしょう。

ただし、第二会社方式に利用価値がないわけではありません。発想を変えて、堂々とやればいいのです。

行き詰まった会社が銀行を味方につける方法

「後2カ月で現金が枯渇する」という、経営に行き詰まったアパレルの販売会社の仕事を受けていました。私は、事業を引き取ってくれる買い手を見つけて話をつけました。第二会社方式を使って、事業だけを譲ることで売り手も買い手も合意しました。ここからが注目すべき点です。

社長は銀行のことが心配でなりません。できれば話もせず、事業を買い手に譲りたいと思っているようです。でも私は集会を開いて債権者の銀行に集まってもらうことを提案しました。もちろん社長は納得できません。「声をかけなければいけないの？　しかも、呼び出すの？」と。

しぶしぶ私の提案を受け入れた社長です。しかし、やってみると「本当にうまくいってびっくりしました。あんなに不安に思っていたのがバカバカしくなるくらいでした」と、驚いていました。私にはもちろん勝算がありました。

その理由の一つが、お金の流れのデザインです。第二会社方式を使って関係者全員の利益を向上させられるように設計しました。このケースでただ倒産となれば、借りている店舗の原状回復費や備品の撤去・処分費、さらに中途解約による違約金まで請求される可能性があります。ざっと見繕うと５００万円近くが予想されました。一方で、事業を１２００万円で買ってもらえる話があります。この話がまとまれば、現状維持費などの５００万円の出費を回避し、さらに、会社は返済原資となる金を手にできることになります。結果、融資の回収額が増えるならば、銀行も話に乗ったほうが得です。

利益が増すのは銀行だけではありません。雇用も仕入れ先も、外注先も守られます。買い手は投資ができます。こうなれば**誰も損をしません**。もちろん後になって訴訟を起こされることもないでしょう。社長は買い手の会社に雇ってもらえることになりました。彼の利益も向上したのです。

次に、話の進め方です。「債権者を呼び出していいのか。こちらから出向いて話をしなければ礼を欠くのではないか」と、社長は思ったそうです。たしかに、疑問に思う部分でしょう。しかし、集会という形式を取ることで、隠し事をせず、オープンにやろうとしている姿勢を伝えることができます。

銀行とやり取りをしていると、よくこのような展開になります。「話はわかりました。ただ、他行さんの反応はどうでしょうか？」と、他の債権者の動向をとても気にするのです。集会という形式を取ることで、銀行の気がかりは自然と解消されます。もちろん、話の内容が銀行ごとに異なるという不都合も起きません。

債務者側のメリットとしては、一度で話を済ませられます。また、他の銀行の目があるので、おとなしく対応していただけます。ありがたいですね（笑）。

私は「金持ちケンカせず」を座右の銘としています。金持ちだからケンカしないではなく、ケンカしないから金持ちになれる（＝利益を損なわれない）という意味だと解釈しています。この事例で私の企画したやり方は、**ケンカをする関係になることを避け、関係するみんなの利益向上を目指したものです。**

同じ第二会社方式であっても、胡散臭いコンサルタントのやり方とは全く別ものだとおわかりいただけるでしょう。あちらは、自己の利益を増やそうとして銀行と敵対関係を作り、後になって痛い目にあうやり方です。

全体利益の向上を目指しているのですからコソコソやる必要もありません。**相手も巻き込んで協調する。誠実かつオープンにやる。**こういうスタンスが着地戦略の際とても大切だと思います。

弁護士ならば、法律上の争いになった時のリスクに目がいくことでしょう。しかし私たちは、**相手とそんな対立する関係にすらならない状況を目指す**べきです。ケンカに勝つことではなく、そもそもケンカをしないことが大事です。納得と合意を引きだす工夫をしましょう。

廃業を考える

「借金が残るから会社をやめられない」は本当か？

「時間が味方ゾーン」の最後に廃業を考察してみましょう。

いくら利益が出ていて時間が稼げると言っても、永遠に続けていられるものではありません。体力の衰えなどで社長が「もういい加減にやめたい」と思うことも、十分に予想されます。

「借金が残るから会社をやめられない」というのは、頻繁に聞かれる声です。でも、やめられないことはないのです。廃業だけは、自分の決断だけで進んでいけるツールだとお伝えしました。ここでもそれは変わりません。

社長個人にはこれといった私的な財産がないと仮定して解説しましょう。事業を廃止し、残った資産を売却します。そのお金で借金を返済しても、借金が残ります。事業をやめている会社にはもう返済能力がないので、個人保証のため社長個人に請求が回ってきます。しかし、その社長も返済能力がありません。

ここまではいいでしょう。この先は二手に道がわかれます。

わかりやすいのは法的な処理です。選択肢はいくつかあるかもしれませんが、ここでは破産ということにします。弁護士に依頼し、会社と社長個人が破産を申し立てます。裁判手続きに支障がなければ返済義務は消滅します。きっちりおわらせたい人はこのルートがいいでしょう。

一方で、負債を引きずり続ける人もいます。社長個人に資力がないのです。銀行から残金を請求されたところで、払えないものは払えません。「すいません。お金がないんです」と開き直られたら、債権者は打つ手がなくなってしまいます。もちろん債権者は裁判を起こすことができます。間違いなく裁判には勝ちます。でも、相手に財産がなければ結局お金は取れません。そんな無駄なことを普通はしないでしょう。こんな現実をベースに「これからは年金で生活しなければいけないので、月1万円での返済で許してくれませんか」という感じで、妥協点を見いだしているケースがあります。

なお、きっちり法的処理をするほうが銀行に喜ばれるケースが多いです。ちびちび払ってもらうより、管理する手間などから解放されるほうがありがたいのかもしれません。いずれにせよ、借金が残る場合でも、廃業はできます。

なお、話をかなり簡素化しています。微妙な法的な論点がいろいろとありますので、実際には法律家の指導を受けながら話を進めてください。

社長個人名義の自宅問題

先ほどの話は、「社長にこれといった資産がない場合」を想定してお話ししました。資産がある場合についてもフォローしておきましょう。その最たるものは、自宅です。

社長個人名義で自宅を持っている場合、債権者が「自宅を売って残っている借金を返済しろ」と要求してくるのは当然のことです。そのために個人保証をさせています。この自宅問題をどうにかしたいところですが、これといった万能策はありません。

「経営者保証に関するガイドライン」が浮かんだ方がいらっしゃるかもしれません。このガイドラインは、個人保証の問題が中小企業の事業承継などを妨げているため、お上や関連団体が作った指針です。その中に廃業と社長の自宅についても触れられています。

ただ、ガイドラインは、「できればそうしましょう」というレベルの話で、法的拘束力はありません。債権者としてはガイドラインに則って、自宅の保持を認めてあげるメリットがありません。

ただ、「廃業したいんだけど、このガイドラインをよりどころに、自宅を残せるようにしてもらいたい」などと、主張するのはもちろん自由です。弁護士などにも協力してもらって、よりプレッシャーを強めてもいいでしょう。とはいえ、あくまでダメでもともとです。

自宅を妻名義に変更すれば逃げられるか？

不動産に担保余力があるならば、先に売却してしまうのも一案です。不動産時価のほうが担保を持っている負債よりも大きい場合を、担保余力があると言います。

たとえば、3000万円の不動産に対し、（根）抵当権がついていなかったり、もしくはついていても2000万円の借金の担保だったりする場合です。担保余力があるのならば、不動産を売却しても手元にお金が残ります。廃業する前に売ってしまい、自由にできるお金を手にしておくのも考えようかもしれません。廃業時になって売ったのでは、個人保証による義務が顕在化し、売却代金の全ては銀行への返済に回されることが予想されるためです。

生前贈与を使って、配偶者などに名義を変えてしまう方法を思いついた方がいるかもしれません。しかし、この方法はグレーです。少なくとも廃業直前になって名義を変えるようでは、債権者の追及を受けることになるでしょう。財産を逃がす意図が見え見えです。逆に言えば、贈与が廃業するよりもずっと前の出来事ならば、場合によってはスルーしてもらえるかもしれません。

また、「サブリース」と呼ばれる方法もあります。売却して、それをそのまま借りることです。サービスとして提供している業者もあります。社長から業者が自宅を買い上げ、それを社長に貸します。社長は賃料を支払ってそこに住み続けるというスキームです。数年後に買い戻すことを事前に約束させられる場合が多いでしょう。

自宅への愛着もわかりますが、今後の家計などを冷静に考えたうえでの決断をしていただきたいところであります。自宅問題には確実に効く薬はありません。ここまできたら、あきらめざるを得ない面があります。どうしても残したいならば、もっと前から手を打っておかなければいけないということなのでしょう。切羽詰まった状況まで追い込まれた時点でアウトということになってしまいます。

負債は大きいものの、事業自体では利益が出ている会社の戦略を考えてみました。

世の中全体では利益が出ていない事業が多くなっているところです。事業で利益が出せるならば、それを大事に残していただきたいと願います。

第5章まとめ

廃業視点の着地戦略

鉄則① 利益が出ている事業ならば借金が大きくても残すことができる

鉄則② 過大な借金をそのまま後継者に継がせてはいけない

鉄則③ 関係者全員の利益を向上させる作戦を立ててオープンに実行する

第6章

資産超過×赤字は「逃げの一手」

社長、すぐに撤退を検討しましょう！

バケツから水が漏れている

廃業を視野に入れた４分類における三つ目のゾーンは、現状で資産のほうが負債よりも多いけれど、収益的には赤字の状況です。

私の肌感覚では、コロナ禍の前の日本では、このゾーンに属する会社が最も多かった気がします。過去の利益の蓄積があります。でも、今は赤字です。蓄えをすり減らしながら、どうにかこうにか会社を維持しているか、もしくは、借金がジワジワ増えている状況でしょう。ここは「逃げるが勝ちゾーン」と名付けます。

「逃げるが勝ちゾーン」が目指す基本的な方向性は、文字通りすぐに逃げること。すなわち廃業です。水の入ったバケツに穴が開いてしまっている状態で、水は漏れるばかり。後は、決着をつけるのが先か、水が尽きるのが先かの問題です。先に決着をつければ資産を確保できます。少なくとも借金は残さないで済むでしょう。しかし、逃げ遅れれば次章で語る、債務超過で赤字という最も悪い状況に陥ります。そうなると、選択肢はほとんど残されていません。

ただ、このゾーンに属している社長の多くからは、切迫感が伝わってきません。「お客さんがいるから仕事をやめられない」「従業員のことを考えると会社を閉じられない」など、きれいごとばかり口にするケースもあります。

この原因は、廃業視点を持っていないからです。会社をたたむことになったらどうなるかを意識しておかないと悔やみきれない状況に陥ります。赤字が出ているという事実に対する考えが甘すぎる面もあります。会社は崩れ出したらアッという間です。

ここまで読み進めてこられた皆さんならば、悠長なことは言っていられないとおわかりだと思います。必死に着地戦略を練らなければいけません。資金が流出しているのだから、他人のことを気にしてはいられないのです。時間が経てば会社が潰れるだけです。

時限爆弾は作動しています。

会社を続ける前提でばかりいてはいけません。すでに「いかにうまくみんなの損害を回避して着地させるのか」を考えるフェーズに突入しています。「やる気さえあれば何とかできるという万能感は捨てる」「従業員を定年まで雇用し続けるのは当然だという常識にはとらわれない」など、発想を変えましょう。

時代が変わり、経営環境も大きく変わった今、社長の頭の中も新しく切り替える必要があります。そのことが、結果的にご自身だけでなく、周囲の人々の利益を確保させることにつながります。

M&A希望から最終的には廃業を決断した社長

ＮＨＫスペシャルから私が取材を受けた時に、ある印刷会社の廃業支援の様子が紹介されました。まさに、「逃げるが勝ちゾーン」の会社でした。

私のところに相談に来る前、この会社はＭ＆Ａの買い手を探していました。某所から紹介された某M&A仲介業者に依頼をしていました。しかし、1年近く経っても売れる雰囲気がありません。M&A仲介業者は「興味を持ってくれそうなところがあります」と繰り返しますが、話はそれ以上進みません。

「このまま待っていても買ってもらえないのでは？　しかも、売上減少が続く状況で、会社の現預金は減る一方だ」

取り組んでいる方向性に危機感を覚えた社長は、私に相談を寄せてくれました。私は、今廃業したら資産と負債のどちらが残るか、売上減少や資金流出のスピードを検討しました。そのうえで「決断を遅らせてしまえば、まともに廃業すらできなくなる」という見立てを伝えました。後は、社長たちがいかに判断するかです。結果、その会社は即、廃業に方針転換をしました。

なお、社長も先代の会長も、ものすごく真摯《しんし》に経営をしてきた方々でした。従業員やお客さんへの気遣いには頭が下がるものがありました。会社に対する思いも強く、廃業の決断についてもちろん葛藤もありました。安易に廃業を選んだのではないということは、お伝えしておきたいところです。

見たくない現実も見たうえで、しっかり落とし前をつける。これこそが正しいケジメのつけ方ではないでしょうか。できもしないことをできると言い続け、根拠のない楽観的思考で現実から目を背けることは簡単です。でもその先にあるのは、行くところまで行っての墜落です。私にはこちらのほうがよっぽど無責任に思えるのです。

本業とは別の収入で支えられている家業を続けるべきか？

「家業を閉じたいと思っているのだけど……」

こちらの相談は、業歴が100年を超す会社です。歴史ある観光の街で、伝統産業の一端を担ってきました。代々続いてきた家業は赤字です。それでも続いてきたのは、不動産収入があったからです。ビルなどを所有し、そこからの家賃収入で赤字を埋めていました。伝統産業の事業だけを見れば赤字ですが、不動産賃貸の収益を含めると、会社全体としては黒字になっている状況です。

なお、ゾーン分けすると、この会社は1番目に紹介した「横綱相撲ゾーン」に属します。「逃げるが勝ちゾーン」ではありません。ただ、廃業の考え方の参考になるかと思い、こちらで紹介させてもらいます。

「定石で考えれば、家業は廃止です。事業が本業以外の賃料でどうにか生かされているという状況は不健全ですよね」

「やっぱり、そうですよね。ただ、家業をやめると周囲からの目が気になります。『あ、あそこ潰れたな』って。また、従業員はオーナー家がお金を持っていると思っているので、事業廃止となったら抵抗するのではないかと……」

こんな会話をしました。そのうえで「それでも家業を継続するんだったら、ボランティアだと認識したうえでやるべきです」と助言した記憶があります。

赤字だろうが会社を続けないといけないという人が、もしかしたらいらっしゃるかもしれません。ただ、赤字を垂れ流してまで事業を維持するというのは、もはや経営ではありません。ボランティアです。そのことを認識していることが大切です。中途半端な気持ちならば、さっさとやめてしまったほうがいいでしょう。

ついでに言えば、こちらの会社の従業員との関係性も不健全なので、修正しておくべきです。従業員は、自分たちはちゃんと仕事をしているつもりかもしれません。でも、実際は赤字で、オーナーのお情けで雇用が維持されているだけです。この現実を知っておいてもらわなければ、後々オーナーは面白くない思いをすることになるでしょう。

ボランティアそのものを否定するつもりはありません。ただ、社長とは商売に身をささげる人種です。自ら稼ぎ、自走を目指す生き様です。商売が成り立たなくなったならば、基本的には潔く撤退すればいいと考えます。世間体や罪悪感に苛まれる必要なんてあるのでしょうか。

自社のM&Aは本当に実現可能か？

M&Aの成功率は5%？　あくまで廃業がメインルート

「逃げるが勝ちゾーン」の会社にとっては、内部承継もM&Aも期待できる道にはなりません。あくまで、廃業がメインルートです。しかし、全くもって可能性がないわけではありません。赤字の事業でもほしがる人もいます。また、分社を使って、会社の一部だけなら引き継いでもらえる場合もあります。

実際に、私がアドバイザーとして、この状況の会社のM&Aを成立させたこともあります。もともとお客さまとは、廃業する前提でお話をしていました。しかし、「どうせなら、M&Aでも動いてみましょう」という話になり、事業譲渡の引受先を探しました。

ポータルサイトを使って告知したり、社長が心当たりのある相手に直接声をかけたりした結果、運よく相手を見つけることができました。相手の事業展開と相乗効果があり、黒字化の目途が立ったためです。雇用も引き継いでもらえて、結果的には逆転ホームランといったところなのかもしれません。ただ、本当にたまたまの結果なのです。

メディアは、こういう成功事例を必要以上に持ち上げます。事例は一人歩きもします。すると「自分もこういう結果を得たい」「こうなるのが当然」と過熱します。

でも、**この手の成功事例の裏側には、成果を得られることのなかった事例が山のように積みあがっています**。こちらは注目されません。人は、自分が望む特徴的なものばかりを見ようとします。しかし、本当に見るべきは多数派のなんでもなかったケースです。

とあるM&Aのポータルサイトを運営している会社の関係者の方から「掲載された会社のうち実際に売れる割合は10％」と聞いたことがあります。まだ黎明期《れいめいき》のしくみのため、サイトの改善や支援者の技術向上により、この数字はもっと上がるとは思います。でも、大半は売れないというのが現実でしょう。

人手が介在するM&A仲介業者の場合ならば、仕事を受任したうちの半数くらいは売れているかもしれません。しかし、あらかじめフィルターをかけて、売れそうな会社だけを選別している可能性があります。オープンなサイトでは10％ほどしか売れていません。裏側にはM＆Aでの売却に関心があっても、サイトへの掲載を思いとどまった会社だってあるでしょう。すると、売れるのは全体の5％にも届かないというのが、実態なのかもしれません。

改めて、M＆Aには過度な期待をしないでください。「逃げるが勝ちゾーン」では、利益が出ていないのですから、なおさら引き継いでもらうことは簡単ではありません。M＆Aにチャレンジする場合は、お金と時間というリソースをよく検討してください。想定していたお金か時間のいずれかが尽きたら、きっぱりとあきらめましょう。

事業を手放すことが先代の役割です

収益が上がっていなくても事業をあきらめきれない社長が結構いらっしゃいます。かつてM＆Aで少しだけ関与した小さな会社がありました。事業的には赤字です。それでも、買収に興味を持って社長の話を聞きに来てくれる方がいました。交渉への立ち会いを求められて同席しました。面談中の社長の様子を観察していて感じたのは、「この社長は、事業をやめる気は全然ないや」ということでした。

「これからはこういう取り組みをして稼ぐんだよ」と、社長は事業展開や仕事のやり方を熱弁します。しかし、あくまでM＆Aの交渉をしている状況です。買い取った後にどうやって商売をしていくかは、基本的に買い手の問題なのです。しかも、現状は赤字なわけです。社長の言葉には説得力がありません。

次の人がやりやすいように、**事業を素直に手渡してあげることこそ、譲り手たる先代社長のあるべきスタンス**です。社長が前のめりになるほど、マイナスの効果にしかならない時があります。

かつて私が主催した、会社の買い取り方セミナーを受講してくれた男性がいました。「買いたい事業を見つけた」ということで相談に乗っていました。ただ、話を聞いていると、相手が「事業を手放せない社長」のような臭いがしてなりません。「この手の社長は面倒なところがあるから、そんなに期待しないほうがいいと思いますよ」と言っておきました。

後日、その方から報告がありました。引き継ぎ交渉のため、先方の社長に会いに行ったそうです。しかし、「話になりませんでした。奥村さんが言っていた意味がよくわかりました」と言うのです。これまでの経緯から、事業の可能性、仕事を広げるアイデアなど……。5時間ノンストップで話を聞かされたそうです。事業を引き継ぎたいという以前に、もうあの社長の話は聞きたくないという結末になってしまいました。

会社や事業は我が子と同然かもしれませんが、手放してあげないと継いでもらえるものも継いでもらえなくなってしまいます。

計画に沿って廃業を実行する

具体例から廃業の流れを理解する

いよいよ「逃げるが勝ちゾーン」の定石である廃業について語ります。

本書では「社長が廃業の一歩を踏み出せない疑問や不安の解消」と「他の実務書にはあまり載っていない工夫」に的を絞って書いていきます。

次ページの図はヤマダ製作所（仮名）が廃業する際に私が立てた計画です。この流れに沿って解説していきます。社長が一代で築いたものづくりの会社で、従業員はパート社員を含めて13名といったところでした。なお、時間やタスクの内容は会社や状況により異なります。その点はご注意ください。

ヤマダ製作所の廃業計画

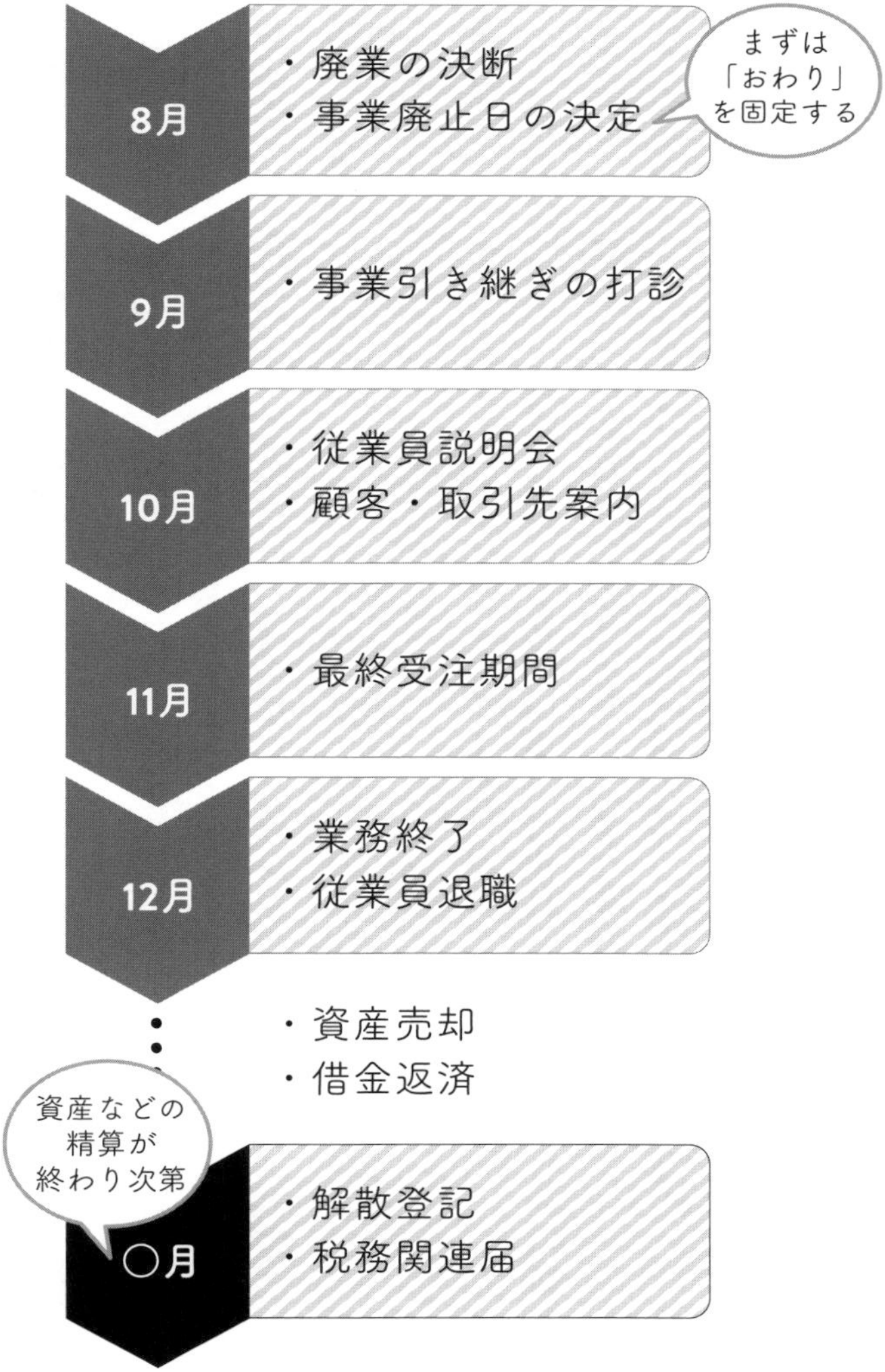
8月
・廃業の決断
・事業廃止日の決定
まずは「おわり」を固定する
9月
・事業引き継ぎの打診
10月
・従業員説明会
・顧客・取引先案内
11月
・最終受注期間
12月
・業務終了
・従業員退職
・資産売却
・借金返済
資産などの精算が終わり次第
○月
・解散登記
・税務関連届

【8月】業務をやめる日でくさびを打つ

廃業の腹を決めたら、プロジェクトを組み立てていきます。

ところで、誰に相談し、誰の指導を受けながら廃業を進めていけばいいのでしょうか？「弁護士では？」と思われる方がいるかもしれません。しかし、借金の返済が不能になるわけではない「逃げるが勝ちゾーン」の会社では、法律の問題に発展しないケースが多いです。結局のところ、社長が身近な専門家のアドバイスを受けながら、自分でプロジェクトを組み立てなければいけない場合も多いかもしれません。

さて、ヤマダ製作所のケースで私は、**最初に「事業廃止日」を決めることから着手しました**。これは、会社がなくなる日ではありません。業務をおえる日のことです。事業廃止日を過ぎた時には、仕事はもうやっていないけれど、会社という入れ物はまだ残っている状況となります。

つまり、業務終了と資産・負債の清算を分離させて考えるということです。先に業務はおわらせてしまい、それから残った資産を売却して銀行への借金返済をするというイメージです。経験上こうしたほうが、業務終了に変な影響を与えないで済みます。

司法書士や弁護士などの法律系の資格業のところへ廃業の相談に行くと、おそらく次のような説明をもらうでしょう。

「株主総会を開催して解散決議と清算人の選任を行い、資産の処分と負債の支払いをしてください。最後は、清算決了の登記です」

彼らにとっての廃業とは資産や負債の清算という認識なのです。しかし、事業をやっているあなたにとって重要なことは、別にあると思います。きっと「従業員にどう言えばいいか」「取引先に迷惑をかけないためにはどうすればいいか」などでしょう。社長にとっての廃業というのは、業務の終了であり、いわば「関わり合いの解消」です。会社をやっていれば多方面に多数の関わり合いができます。この関係性を処理しなければいけません。業務終了と資産負債の清算で分けて考えれば、頭の中が整理されるはずです。

「事業廃止日」を最初に定めてしまわないと、らちが明かない面もあります。在庫や仕事の量、決算時期、手元の現金量など考慮して、事業廃止日を決めることになりますが、とにかく「おわり」を固定しなければ話が進みません。従業員や顧客にいつ伝えるかなど、この日を起点に逆算していくことになります。全てにおいて完璧に都合のよい日はありません。たとえば仕事や在庫商品が都合よくピッタリなくなることはありません。賃貸契約の終了日にうまく合わせられないことだってあるでしょう。

「仕事が段々と減っているから、ちょうど仕事がなくなった時に会社をたたもうと思っている」と語る社長がいました。しかし、普通はそううまくはいきません。仕事が完全になくなるタイミングがいつになるのかも、そもそもそんな時が来るのかもわかりません。仕事が減っていても、従業員の給料は発生するので赤字を垂れ流すことになる恐れもあります。

仕事に合わせて廃業日を決めるのではありません。事業廃止日を先に決めてしまい、Xデーに照準を合わせて仕事量や経費をコントロールするというイメージを持ったほうがいいでしょう。

【9月】業務の受け皿を用意しておく

隣接する市にある同業他社のA社と水面下で業務引き継ぎについて話し合いを持ちま

した。ヤマダ製作所の社長は「お客さんが仕事を依頼できるところがなくなると困ってしまう」と心配していました。ヤマダ製作所には過去の設計データなどがあります。もしお客さんが新しい会社とゼロからやり取りしなければならないとすると、不便を押し付けてしまうことになります。そこで、廃業後にヤマダ製作所の仕事を引き受けてもらえる受け皿となる会社を探すことにしました。もともと社長同士が知り合いで、信頼できるA社に話を持ち掛け、OKをもらいました。

事業の引き継ぎ先が決まったので、お客さんへの迷惑を減少させることができました。「今後はあそこが仕事を引き受けてくれます」と言えるようになったことで、社長としてはかなり肩の荷をおろせた様子です。この事業引き継ぎが決まったため、3人分の雇用も引き継がれることになりました。

【10月】廃業の山場！ 従業員のマインドケアを細心に

廃業の決断を伝えるための従業員集会を開催しました。告知しなければいけない相手は、顧客や取引先など複数います。その中で、従業員への声かけを最初にしたのは、「外の人から廃業のことを聞いた」という状況になるのはよくないと考えたためです。「従業員のことを考えると廃業の決断ができない」という声はよく聞かれます。しかし、雇用の継続ができないとわかったならば、できるだけ早く解放してあげることがお互いのためです。引っ張るだけ引っ張って「やっぱり無理でした」というのは最悪です。早めに手を打つことで、マシな状況を作ることを心がけていただきたいところです。

比較すべきは倒産です。倒産まで追い込まれたら、急に職を奪うことになるだけでなく、退職金はおろか、未払いの給料すら払えなくなることもあります。理想的とは言えないまでも、そんな最悪のケースよりはマシなおわりを作ることができれば、社長の務めを果たしたことになるのではありませんか。

私は、対従業員において目指すゴールのひとつに「**納得して退職してもらうこと**」を置いています。たしかに会社の都合でやめさせる面はあります。それでも、従業員に納得してもらうか、少なくとも「仕方ない」と思ってもらえるようにしたいところです。廃業において、一番の重要ポイントであり、山場となる場面でしょう。個人的には、最も気を遣うところです。そのために、社長には情理を尽くして語ってもらう必要があります。小賢しい面はありますが、テクニックの使いどころでもあります。

たとえば「会社を廃業する」と断言するのと、「自分は会社を廃業しようかと思っている。もし社員の中で事業を継ぎたいと手を挙げる人がいたら譲ってもいい」と言うのでは、相手の受けるニュアンスはかなり変わります。前者では「一方的に働く場を奪われた」と受け取られる可能性があります。でも後者ならば「社長は働く場を残す機会をくれた」と受け取るでしょう。それゆえ、誰も手を挙げることはないだろうと予想しつつも、あえて打診してみる場合があります。

よく私は誇張した表現で「最初に地獄を見せましょう」と言います。このケースでも同様です。まずは、従業員にとって最悪の状況になったらどうなってしまうのか、ビジョンの共有を試みます。最悪の状況とは、先ほどの倒産になってしまったケースなどです。そのうえでマシな提案をするのです。

「1カ月前に解雇の予告をすれば本来はおわりです。しかし、社長は皆さんのことを思い2カ月前にお知らせし、有給をできるだけ消化してもらえる時間を作りました。また、退職金とは別に謝金をお渡しするつもりです」

こんな感じです。**一番悪いところにスタート地点をそろえなければ、せっかくプラスアルファの提案をしても無意味になってしまうことがあります。**

解雇の条件として、給料の3カ月分の上乗せを提案したのに、従業員に「安すぎる」とか「他はもっともらっている」と騒がれ、中には「不当解雇を撤回せよ」と徹底抗戦の構えを取る者まで現れたというケースを聞いたことがあります。まさに、互いの常識がズレたまま、話を進めようとしたことによる悲劇です。なお、一番悪いケースを伝える時は、第三者である専門家を利用するとよいでしょう。社長が自分で説明すると、従業員は「何か裏がある」「だまされないぞ」という意識になりがちです。

もう一つ目指しているゴールは、従業員が「**最後まで仕事をがんばろう**」と思ってくれることです。廃業の方針を伝えた途端、従業員が出社しなくなったのでは困ってしまいます。実際、このようになってしまったケースも見聞きしたことがあります。最後までがんばった時に従業員にもメリットがあるような仕掛けをしたり、お客さんの期待に最後まで応える意義を伝えたりするとよいでしょう。

顧客には発注のチャンスを提供すればＯＫ

ヤマダ製作所のケースでは、従業員集会後、担当者同士がすぐにお客さんへの対応についてディスカッションを開始しました。廃業宣言を聞いたショックもあるでしょうが、すぐに「お客さんに迷惑をかけないように」と意識を向けてくれました。日頃からの仕事の意識の高さがうかがえました。

集会終了後すぐ、会社からも廃業を伝える手紙を顧客に送りました。仕事の受託可能期間と、それ以降の仕事の依頼先であるA社のことも書いてあります。特に大切なお客さんには、社長自ら訪問や電話をしていました。顧客への連絡を皮切りに、社長は相当忙しくなりました。

顧客のことが気になって、社長が廃業決断をなかなかできないこともよくあります。これまでの恩などもあるので、私が思うよりも心理的なハードルが高いのでしょう。しかし、できないものはできません。赤字の会社が事業を続けることはできないのです。顧客が必要十分な稼ぎをくれないから廃業という結末になったと考えれば、お互いさまの世界ではないでしょうか。

ヤマダ製作所のように、期限を決めて仕事を依頼できる最後のチャンスを作ってあげれば十分だと思います。当面必要な商品やサービスは確保しつつ、新しい供給先を探してもらえばよいでしょう。さらにヤマダ製作所のケースでは、今後の仕事の受け皿まで用意している点もポイントです。

現金取引以外認めない⁉

仕入れ先や外注先へも廃業の案内を出す場合が多いところです。廃業を知った相手から、好ましくないリアクションがある場合が結構あります。「これまでの買掛金をすぐに払ってくれ」「今後の商品は現金でなければ卸さない」などです。

どのように対応するかは、臨機応変な判断が求められます。相手の言い分もわかるのですが、素直に要求を飲んでいたらこちらの計画がおかしくなってしまいます。状況を理解してもらい、できるだけこれまで通りの取引をしてもらえるように努めましょう。

廃業を決めたものの、こちらが従来からの支払い条件の約束を破ったわけではありません。これがベースです。それゆえ、「最後までこれまで通りの取引でお願いします」と主張することは間違っていないはずです。

【11月】【12月】絶対損をしてまで仕事を受けない

11月いっぱいまで仕事を受託し、12月には納品や社屋の片付けをするというスケジュールを立てていました。従業員は、可能な範囲で有休を取得していましたが、なんだかんだ忙しく、思いのほか消化が進まなかった人もいるのかもしれません。責任を持って最後まで務めを果たしてくれ、本当にありがたい話です。会社は転職活動も奨励し、面接の時間の工面など、会社としてもできる限りのバックアップをしました。

11月は駆け込みでかなりの仕事の受注がありました。このあたりは想定していたため、あらかじめ見積もりの値段を下げないよう注意を促しておきました。ヤマダ製作所が赤字だったのには、顧客からの値下げ圧力に負けてきた側面があります。また、売上を確保しなければという焦りから、許容範囲を超えた値下げで応じてしまっていたことも多々あったようです。

最後のこの局面においてまで買いたたかれる必要なんてありません。見積もりが気に入らないお客さんには断ってもらえばいいだけです。値上げというのは変に感じるかもしれませんが、適正な利益は乗せさせてもらわなければいけません。こんなことを社長と営業マンと確認しました。

そして、フタを開けてみたら、予想以上に利益が出ました。値下げを求めてくる相手もたしかにいました。その中の一部は、こちらの折れない態度が気に入らずに去っていきました。しかし、大半の相手は見積もり金額を最後は受け入れてくれました。「これがまっとうな額です」と堂々としていれば、案外受け入れてもらえるものかもしれません。

そして何より、ほとんどのお客さんは、値下げの要求すらせずに金額をすんなりと受け入れてくれました。最後ということを意識してくださったのかもしれません。「これまでありがとう」と言ってもらえたケースもたくさんあったそうです。思いのほか大きくなったラスト１カ月の売上と利益が、後々会社を助けてくれることになります。

なお、ヤマダ製作所の商売は顧客の依頼があってから仕事がはじまる受託型でした。ほとんど在庫もありません。一方、商品などを前もって仕入れておいて、買ってもらえる時を待つ商売もあります。こちらの場合は、在庫が余ると悲惨なのでセールなどで値下げをしてでも、売りさばいたほうがベターかもしれません。一番損がないような形を考えてください。この期に及んでさらに赤字を作るようなことだけは避けましょう。

最終出勤日になりました。仕事が少々残ったため、ごく一部の従業員の方には雇用期間を少し延期してもらいました。このあたりは、相手さえＯＫしてくれれば柔軟にやればいいでしょう。

最後には、社長や社員パートも含めた慰労会を開催することになりました。「せっかくだからみんなで最後に集まりたい」という声が自然と高まったのです。最終局面になると、従業員と会社との関係性や、従業員の仕事に対する姿勢などがよく表れます。

【1月以降】会社が持つ資産を処分する

業務は幕を閉じました。後は会社が持つ資産を処分すれば、やるべきことはほぼ終了です。特に不動産の売却が着地の鍵を握ります。

ところが、社屋だった物件が思いのほか売れません。事前に周囲の不動産業者から売却予想金額を出してもらい、そのうえでさらに厳しめの価格を想定していたのに、その金額に達するオファーすらやってきません。結局1年弱粘った後、社長は希望金額を下げて手を打つ決断をしました。最後の仕事の受注で大きな利益を出せていなければ、お金が足りるかどうかギリギリの状況になっていました。改めて、あの時に気持ちよく発注してくれたお客さんに感謝しました。

不動産売却後は登記手続きを行い、税務関係の届け出もして、ようやく廃業手続きの全てが完了しました。ヤマダ製作所では完全に会社の登記を抹消させましたが、ここはケース・バイ・ケースとなります。

他のケースでは、不動産を売却すると大きな税金が発生するため、あえて法人を残して、不動産を所有し続けるようにしました。不動産を所有した会社を、法人ごと売却したような場合もありえます。登記は残っていても、休眠届だけ出してお茶を濁したほうがよいケースもあるかもしれません。会社を完全に閉鎖するか否かは、税金に関わることが多いため、よく税理士とも相談していただきたいです。

以上で「逃げるが勝ちゾーン」の解説はおわりです。いろいろと気がかりやハードルはあるでしょうが、とにかく撤退すると決めたらそれを貫くことです。思考停止に陥って時間を浪費したら取り返しがつきません。

第6章まとめ

廃業視点の着地戦略

鉄則① 次の担い手のために素直に事業を手放す

鉄則② タスクとスケジュールをよく練ってから廃業を実行する

鉄則③ 廃業時は従業員のマインドケアに細心の注意を払う

第7章

債務超過×赤字は「負ける勇気」

結果に差が出る会社のおわり

うまく不時着するために負けを受け入れられるか？

ラストは、廃業した時に借金が残り、現在は赤字の会社です。このゾーンは本当に苦しいです。早くケリをつけたところで資産を残せるわけではありません。かといって、時間が経てばもっと追い込まれて、選択肢を失います。

飛行機に例えると、もう飛び続けられないことが見えている状況です。銀行から「これ以上お金は貸せない」と蛇口を締められたら、途端にお金が回らなくなって会社が潰れます。今、できることは、ソフトに不時着させ損害を減らすことです。ゆえにこのゾーンのことを「墜落回避ゾーン」と名付けます。

このゾーンで最重要かつ最も難しいことは、何でしょうか。それは**社長が現実を受け入れること**です。本当にこれに尽きます。「ちょっと冷静に考えれば、どうなるかわかるはず」「見たくない現実だって見ないといけない」、こんなことは、渦中にいないから言えることなのでしょう。この本を書いている私もそうです。社長だって、本当はこれくらいのことはわかっているでしょう。でも、できないのです。

「墜落回避ゾーン」では、負けることがほぼ見えています。しかし、それをいつまでも認めようとしない人は、逆転を狙ってなりふり構わず無茶をします。余計に墓穴を掘るのです。しかし、負けを受け入れられたら、ダメージを減らせて、結果が変わります。負けることは回避できなくても、うまく負ければ、ソフトに着地させることができます。

月々の借金返済を銀行にしつつ、手元のお金がなくなりそうになったらまた借りる。このような借金の往復になっている会社が「墜落回避ゾーン」には多いです。もし、負けを認められれば、借金で時間を稼ぎながら、会社をたたんだ後の準備を虎視眈々と進めることができます。やみくもに会社を維持することしか考えていない人と比較すれば、結果に雲泥の差が出ます。

残念ですが、一発逆転の魔法なんてありません

「おい奥村、弱気なことばかり言うな。売上を増やして挽回すればいいじゃないか」と、読者のあなたは思うかもしれません。私だって、できるならばそちらの立場を取りたいです。希望を口にしたいです。

でも、やっぱりダメなのです。**社長が追い込まれて起死回生を狙った手は十中八九失敗におわります**。そんな都合のよい魔法は世の中にありません。

かつて倒産間際の食品加工会社の社長と話をしました。なぜそこまで追い詰められたか聞くと、「スーパー銭湯を作る話に乗ったら、見事に外してしまった」と言うのです。

年々売上が下がり、借金が増えていたそうです。社長はこのままでは自分の代で会社をおわらせてしまうと焦りを覚えていました。そのタイミングで、とあるコンサルティング会社から「これからはスーパー銭湯ですよ」と話を持ち掛けられたそうです。希望の光を見てしまった社長は、話を聞き捨てられなくなりました。でも結果は……。

この手の苦し紛れの一手が失敗におわり、致命傷になったケースは世の中にゴロゴロ転がっています。苦しくなってからの攻めの一手は、投資ではなく博打です。起死回生の一打なんて例外中の例外です。確率論的に言えば、ほとんどが失敗となります。

そもそも状況を改善できるならば、もっと前からよくなっているはずです。普通に考えれば、ここまで落ち込み続けたのならば、今後もその状況は続きます。社長だってこれまでも努力をしてきたはずです。それでもダメだったものが、一発で逆転できるうまい話なんてそうあるわけないと思いませんか。

資金繰りのために見境なくお金を借りまくった会社の末路

「毎晩、かつての取引先だった社長が電話をかけてきて、自宅にもやってきます。近所にも聞こえる大声で『早くお金を払え！』と喚き散らすこともありました。『お前たちのせいでウチまで潰れそうだ。絶対許さないぞ』と。主人は鬱っぽくなり、私も精神的におかしくなりそうです」

私が顧問をしていた会社の取引先だったある会社（B社とします）の社長夫人は、電話先で嘆いていました。

私の顧問先はそのB社に売掛金を持っていました。先方からの支払い延期の要望があり、私のところに「こんなこと言っているけど、長年の付き合いだし応じてあげてもいい？」と確認がありました。よくよく話を聞いてみると、臭います。未回収の売掛金は、3カ月分溜まっていました。裏では資金繰りがひっ迫し、必死になって金策に奔走している先方の姿が思い浮かびます。

B社が潰れるのも時間の問題だと思った私は、支払い延期に応じてあげるための条件の設定を助言しました。「溜まっている買掛金をすぐに清算し、今後の取引は現金決済にする」もしくは「会社の不動産と自宅を担保に出してもらうこと」のいずれかです。どちらかの条件をB社に飲んでもらえれば、B社が倒産しても、顧問先が受けるダメージは回避できます。

B社の社長は担保の提供を承諾しました。予想していた展開でした。こちらからの商品供給はB社の生命線だったためです。私は顧問先役員と営業マンとB社の社長宅へ同行し、根抵当権についての説明や登記手続きの手配を進めました。この時、B社の社長の奥様とあいさつもしていました。

数カ月後、B社は飛びました。あちこちに多額の借金や未払金を残したまま、B社と社長は自己破産を申請したのです。なお、あの時の根抵当権のおかげで顧問先は助かりました。

債務者が破産をしたら、通常は貸したお金も、後払いになっていた商品代金や外注費もまず回収できません。手続き上のルールでは、弁護士が入ったら、債権者は債務者に直接コンタクトを取ることは許されないことになっています。裁判所の破産手続きを黙って待つしかありません。

しかし、おとなしく「はい、わかりました」と受け入れられない人がいても不思議ではありません。毎晩社長に取り立てをしてくる元取引先の社長もその一人でした。B社の社長のために商品を卸し続け、支払いを待ってほしいという要求には「こんな時はお互いさまだ」とでも思って承諾してあげたのでしょう。そのお返しが弁護士からの自己破産通知です。許せなくて普通だと思います。しかも、それで自社の資金繰りまでひっ迫し、倒産に陥りそうとなれば、いてもたってもいられません。債務者都合のルールなんて破って、恨みを直接ぶつけたくなる気持ちもわかります。

応対していたB社の社長夫人は困ってしまい、私の名刺を見つけて藁《わら》にも縋《すが》る思いで電話をしてきたそうです。しかし、本来は自分たちが依頼した弁護士に相談すべき問題です。それでもすぐに電話を切るのも良心が痛むので、一通り話は聞きました。そのうえで、「怒りはエネルギーを消耗するから、とにかく『申し訳ありませんでした』と頭を下げ続けて、相手がおさまるのを待つこと。反論などして火に油を注がないように。それでもひどいようなら警察です」というアドバイスだけしました。

この事例は「墜落回避ゾーン」の最悪パターンです。追い詰められた社長がまき散らした迷惑が、社長だけでなく家族も苦しめました。負けを受け入れられなかった人の蛮勇がもたらした悲劇です。B社の社長は、業界で多方面に焦げ付きを作りました。もうこの業界にはいられません。

また、親類や友人からも借金をしていたようです。本来ならば助けてくれる存在であったはずの親類や友人すら敵に回してしまいました。自分の居場所はなくなり、再起は困難を極めることになります。

私が知る他のケースでは、従業員の給料を数カ月払っていないまま倒産した会社もあります。また、奥さんが「何かあった時のため」と貯めていた2000万円の定期預金を社長が解約し、会社に突っ込んで溶かしてしまったケースもあります。分別を失った人間は、見境なく無茶をしてしまいます。誰でもその可能性があります。こんなことを書いている私だってそうです。

本当に追い込まれてからではブレーキをかけられません。だから、こうなることを前もって知っておくことが大切です。

倒産が近くなった会社がするべきこと

倒産の文字が見えてきた時の三つのルール

会社が倒産に直面することになった複数のケースから、私なりに三つの教訓をまとめてみました。

まず一つ目が、「**泣かせていいのは銀行だけ**」です。事業をやっている以上、会社がうまくいかない時はあります。潰すことになったら、支払えない負債が残るのは仕方ない面があります。しかし、その範囲は銀行だけにとどめるべきです。一般人や一般の法人まで含めてしまうと、社長の首を絞める結果になることは先の事例でお話ししました。

そもそも仕入れ先も社長の親類や友人も、貸金業を営んでいるのではありません。金を貸し、貸倒れのリスクを負うのは銀行の役割です。そのために、保証や担保も取るし、保証協会のバックアップもあります。もちろん、銀行とのお付き合いは重要だし、返済の断念を奨励するつもりがないことは言わずもがなです。これは、あくまで最終局面の話です。

自ら負けを認めて不時着を試みれば、ある程度のコントロールが可能となります。取引先などに多大な損害を与えることは回避できるかもしれません。

なお、倒産間際になってからどうにかしようとしても、間に合わないことが多々あります。本当に苦しくなってから、身内からの借金を返そうとし、さらには社長個人からの会社への貸付金を回収しようとする人がよくいます。しかし、そんな都合のよい話が通じるわけはありません。

銀行などの他の債権者からすれば、「なんでウチには払わず、そっちを優遇するんだ」と反発を受けることは普通の感覚ならば想像がつくはずです。法律以前の話です。商売に関係のない親類や友人は、最初から巻き込まないようにしておくことが大切です。

二つ目は、「**早く底まで落ちるべし**」です。落ち目の人がどうにかしようとして、焦って打つ手はほぼ外します。詐欺話やありえない儲け話にも引っかかりがちです。恐怖から逃げたいという意識が、救いっぽく見えるものに飛びつかせます。だったら、墓穴を掘る前に、目を見開き、恐怖と対面し、一度底まで落ちてしまったほうがいいわけです。

助けてあげる側から見たら、もう少しわかりやすいでしょう。資金繰りに追われて理性を失った社長が、あなたのところに来て、「助けてくれ、お金を貸してほしい」と懇願します。「お金くらい貸してあげてもいい」と思ったとしても、貸してはいけません。**この時点で貸しても、意味のあるお金の使われ方はしないからです**。あなたのお金は他の借金の返済に回されるだけです。

でも、底を打った後ならば違います。負けを受け入れ、観念し会社をたたむことにした後です。この時の支援は、生活を立て直すための有効なものとなります。一度最悪のところまで落ちれば後は再び上がっていけます。ドン底からもう一度はじめればよいのです。中途半端なところであがこうとしても何もうまくいかず、傷口を広げるだけです。

底まで落ちるという意味を、もう少し掘り下げてみましょう。それは、精神的な意味合いが大きいと思います。未来で待っている最悪の状況を知ること。できないことをしっかりあきらめること。それでようやく、精神的に落ち着くのではないでしょうか。ドン底の気分を一度しっかり味わうことは省略してはいけない過程なのかもしれません。

そのために感情をそのまま表に出すのも一つの案です。恐怖、不安、悔しさ、悲しみを言葉にして誰かに聞いてもらうとよいかもしれません。社長が一度弱音を吐くと、気持ちが落ち着き、ものごとを素直に受け取れるようになることが多いようです。

エリザベス・キューブラー＝ロスという、アメリカの精神科医をご存じでしょうか。200人に及ぶ末期患者への直接取材を経て、代表作の『死ぬ瞬間』を発表しました。他にも数多くの著書を残しており、5段階の死の受容プロセスが有名です。

彼女の晩年の姿をおさめたドキュメンタリー映像を見たことがあります。神に怒り、罵っていました。死へ向かう過程で感情をうまくアジャストできず、もがき苦しんでいるように私には感じられました。そんな彼女の晩年の姿には批判もあったようですが、私はむしろ「人間はこんなものだし、これでいいんだ」と、安心を覚えました。彼女はいわば死の権威です。頭の中では死を誰よりもわかっていたはずです。でも自己の体験はまた別なのです。

私たちだって同じです。未知の世界に対し、わかったようなふりをして、無理に涼しい顔をする必要なんてないと思います。感情を表に出し、弱音を吐いてみたらどうでしょうか。感情をこうして自ら味わうことが通過儀礼になる気がしています。

三つ目は、「**最後は自分でリセットボタンを押す**」です。本書の前半に「強制退去は避けましょう」という話をさせてもらいました。やはり最後は潔く、自分でおわりを作りましょう。追い詰められておわるのでは、最低限の準備すらできないし、精神衛生上もよくありません。同じ負けであれ、自分の意思で撤退するとなれば、全くニュアンスが変わります。リセットボタンを押すというのは、もちろん廃業へと進むことです。

同じ破産でも全然違う二つのパターン

自己破産にも、二つのルートがあると思います。

一つはストレートに破産を申請する道です。弁護士に依頼して自己破産を申請し、後は裁判所手続きに乗っかるだけです。

もう一つは、自分で廃業を選択したうえでの破産する道です。業務や資産および負債の整理を可能な限り試みます。その結果残った負債（借金）を、最後は破産で処理です。両方とも最後は破産です。一般的な分類ではどちらも倒産になるのかもしれません。しかし、社長や周囲の人にとっては大きな差が出ます。後者ならば、**周囲に与えるダメージをある程度コントロールできるため**です。

たとえばあなたが、相手にお金を貸してあげていたと、仮定してください。弁護士や裁判所からの通知で突如「破産するからお金は返せません」と宣告されるのと、先に相手が出向いてきて「会社をたたむことになりました。申し訳ありませんがお金は返せません」と直に頭を下げられるのでは、どちらが納得できるでしょうか？　感情的な納得面は大きく異なることでしょう。できる限り損害を減らし、反発を減らすことを考えてほしいところです。

この本を読んでいるあなたは、**最後まで事業や雇用を残せる可能性があること**を知っているはずです。とはいえ、どこまでやっていいかは微妙な部分もあります。弁護士などの法律の専門家の指導を受けながら進めてください。

社長の仕事をまっとうする

本書では、「社長のおわり」と「会社のおわり」をテーマとしてきました。この章では「墜落回避ゾーン」という最も厳しい状況での考え方や立ち振る舞いについて語っています。どのゾーンであれ、それぞれの社長のおわりの美学、おわりの哲学が問われていますそして、問いに対して自分なりの答えを出し、実行していくことが、「社長の仕事をまっとうする」ことなのでしょう。

「俺、初めて社長らしい仕事をしている気がする」

廃業のお手伝いをさせてもらったある社長がポロリと漏らした一言は第1章でも紹介しました。廃業を決断したこと、決断を実行に移すために考え、行動を起こしたこと。この体験をしながら、初めて「社長の本当の仕事」を実感したと言うのです。

会社に対してケジメをつけることは社長にしかできません。会社の行く末の方向性を決めて最後までやりきること。これこそ、まさに「社長の仕事をまっとうする」ということなのでしょう。

最後にもう一つ事例をご紹介させていただきます。会社の終末を看取る仕事でした。とある地方の小さな都市に会社はありました。社長は60代後半で、これまで手広く事業を展開してきた方です。複数の飲食店からスーパー内での精肉店、病院や学校内の食堂などを運営していました。パートやアルバイトを含めて90名くらいを雇っていました。

ある新規事業の失敗で、重たい借金を背負いました。どうにかこうにか引きずってきたものの近年の売上減少が拍車をかけます。過疎が進む同地域では、社長の責任で片付けるには酷に思えました。

「やっぱり破産しかないのですか？　弁護士に聞いてもそれしか言いません」

資料を見せてもらい、インタビューをしながら、私は事業の一部ならば生かせるかもしれないという話をしました。

「しかし、社長が潔く負けを認めることが前提です。自宅を手放すことにもなりますし、経営者でもなくなります。それでも、ここで白旗を上げれば残せるものもあるでしょう」

このような話をした数日後、連絡がありました。「奥村さんの話を聞いて、もう潮時だと思いました。より状況が悪くなる前に清算しようと思います」と。社長の苦渋の決断を受け、私は今後の廃業計画を立てました。

廃業を進める一環で、債権者の銀行に集まってもらう機会を作ることにしました。方針を伝え、その後の清算処理についてすり合わせをしていくためです。一部の事業を残し、他者に引き継いでもらう案についても打診します。

初めての経験でもあり、社長にとっては大きなプレッシャーがあったはずです。銀行から社長の経営責任についての厳しい追及があるかもしれません。処刑台に立たされるような気持ちだったことでしょう。

7つの金融機関から13名の方が用意した会議室に集まりました。ダークスーツに身を包み、ネクタイをきっちり結んだ方ばかり。誰もが黙って事前に配布した資料を読み込んでいます。重苦しい雰囲気です。

いよいよ会がはじまりました。私は前に立ち、簡単な自己紹介と司会役を務める旨を話し、続いて社長にバトンを渡しました。

「本日はご足労いただき、ありがとうございます。弊社は皆さんがご存じのように苦しい状況が続いていましたが、これ以上の経営継続はできないと判断し、廃業をいたします。債権者の皆さまにご迷惑をおかけすることを深くお詫び申し上げます。また、これまで支えていただいたおかげで、ここまで続けてくることができました。ありがとうございました」

社長は深々と頭を下げました。後は資料に沿って現在の状況や今後の取り組み方について説明し、質疑を受けました。かなり細かい数字にまで突っ込まれて冷や汗をかく場面もありましたが、大体イメージ通りにおわることができました。帰り際に社長に対して「これまでお疲れさまでした」と、ねぎらいの言葉をかけてくれる銀行員もいました。

銀行の方々が帰った後、会議室には社長と私の二人です。大仕事をおえてほっとした気分になっていました。「社長、集会はどうでしたか?」と、私は軽い気持ちで聞きました。すると、社長は声を詰まらせ、涙を流しはじめました。社長の様子に驚き、涙の理由を反射的に考えていました。

人口10万人にも満たない街です。この地で、これだけ事業を拡大させた社長は、一時はやり手として名をはせていたことでしょう。ピーク時の売上規模を考えても、相当目立ったはずです。そんな社長が凋落し、ついに会社は廃業です。撤退を決断し、銀行に頭を下げなければいけなくなったことに不甲斐なさを覚えたのだろう。社長の背景に思いを寄せた私は、こんな想像をしました。

ところが、です。眼鏡を外し、ハンカチで目頭を押さえながら、社長はポツリポツリと語りました。

「自分の役割をやりきれた気がする。自分を、自分の人生を肯定することができましたよ」

うれし涙と呼んでしまうには軽薄すぎる気がします。それは、やりきった人の深く、清々しい涙でした。浅はかな想像しかできなかった自分を恥ずかしく思いました。

望んだ結果になることもあれば、苦いおわりになる場合もあります。それでも社長が人生をかけてやってきた会社です。おわりまで「社長の仕事」をまっとうすることの意味を教えていただきました。

第7章まとめ

廃業視点の着地戦略

鉄則① 苦しくなった時の一発逆転を信じてはいけない

鉄則② 迷惑をかけていいのは銀行までとする

鉄則③ 会社の着地は最も重要な社長の仕事である

終章

やりきった爽快感と充実感があなたを待っている

おわりの場面に次はない

おわりの失敗は挽回不能

この本も最後の章となりました。ここまでお付き合いいただきありがとうございます。社長や会社の「おわり」に向き合って執筆を進めてきました。改めて、皆さんと共有したい現実は、「おわりの失敗は挽回できない」ということです。最後なのですからやり直しはできません。

「失敗は学びの宝庫」「失敗は将来の成功の糧」と、チャレンジして失敗することが推奨される場合もあります。しかし、次があるからそんな気軽なことを言っていられるのです。**おわりの場面に次はありません。おわりの失敗はただの損失、ただの悲劇**です。

私の祖父がやっていた家業の倒産について、本書のはじめに少し触れました。これは、祖父がしっかりと締めくくらず、権限と責任の所在を「なあなあ」にしたことで起きた不祥事だと思っています。原因は、後継者育成の問題でもあり、子育てや家庭環境という話にまでさかのぼるのでしょう。

「ああしておけば」や「もし、こうだったら」と、後付けで考えられることはいくらでもあります。でも、むなしいだけです。おわりで失敗したらそれでおしまい。やり直しはききません。その痛みや無念は、本当のところ失敗をやらかしてしまった本人にしかわからないのでしょう。

でも、この本をここまで読んでいただいた皆さんには、少しでも我がこととして感じていただきたいところです。そして、おわりへの備えのためのアクションへとつなげてください。

万能感で社長は足をすくわれる

出口への備えをしていくにおいて、大切なことはあまり万能感を抱かないことです。「人間には無限の可能性があって、信念と努力さえあれば道が拓ける」と、可能性に期待して生きられたほうが気持ちはいいことでしょう。実際「自分ならばなんでもできる」とものごとを捉える人もいます。

でも、現実はそうではありません。特に社長のおわりの場面は、制約だらけです。年齢の問題に加え、時間やお金、知識や経験、体力や気力など、**全ての資源に制限があります。これらと相談しながら地に足をつけて計画を立てること**が、おわりで失敗しないために本当に大切なことだと考えます。

「お客さんがいるから会社は続けなければいけない」と言う社長もいます。でも、それは資金が足りていて、後継者と従業員がいて、事業に必要な資産があって、黒字だからこそ可能になることです。これらの必要条件を見ないで、無理に前だけを見ようとしているケースが多いように思います。できないものは、できません。

最近受けた相談が、まさに社長の万能感が引き起こした失敗でした。２０２０年からはじまった新型コロナウイルスの影響で売上が激減し、悩みながらも、「もう会社をたたむしかない」と、ついに決断できたそうです。そこまでは、よかったのです。しかし、自分なりに考え、従業員や顧客、銀行、その他もろもろの相手に廃業の宣言をしてから地獄絵図に変わりました。

卸先から大量の返品があったため、返金のために想定していなかった資金が急に必要になりました。さらに、リースの残代金や手形を落とすための資金も必要です。銀行からも借金の一括返済を求められる事態にもなりました。話の持って行き方とタイミングを誤ったとしか言えません。口座は凍結され、顧客からの入金を受け取れないだけでなく、従業員の給料を引き落とすことすらできません。

一度に支払いを請求される反面、商品の大量発注もありました。顧客の中には「廃業される前に当面の在庫を確保しておこう」と考えるところがあったためです。しかし、従業員は廃業の宣言を受け、有給休暇を消化しはじめています。注文を受けたところで、それをこなせるマンパワーがありません。しかし、注文に応えなければ契約違反とされてしまいます。

社長はこんなドタバタ劇を引き起こしてしまいました。そんな渦中においても、「事業を他社に買い取ってもらってお金にしたい」と語ります。しかし、相手を探して交渉をするに十分な時間は残っていません。そもそも、今のような状況では事業の形をなしていません。価値など残っておらず、散々な状況でした。ここまでやらかした段階での相談だったため、リカバリーできる余地はほぼ残っていませんでした。

それにしても社長はなぜ、専門家の知恵も借りず、自らの判断で動き出してしまったのでしょうか。

「自分では、これならやれると思ったから……」

がっくりとうなだれながら、社長は当時の心境をこう語っていました。まさに、万能感の落とし穴ではないでしょうか。

よいおわりを迎えるために

優先すべきは情か、義か?

おわりの心得において、私はいつも「情」と「義」という言葉を思い出します。社長の中には情に厚い人が多いように思います。決して悪いことではないでしょう。しかし、こと会社の着地の場面では、情によって苦しまされ、情のせいで失敗している気がしてなりません。

たとえば、社長の体力は限界、会社の運転資金も限界なのに、「社員の生活を守るために事業を続けるんだ」と。これは情です。「情に流される」「情に溺れる」という言葉があるように、情は決断を延ばさせ、判断を誤らせることがあります。

どちらかと言えば、目先の利益を優先してしまうのが情なのかもしれません。「会社を売る（または、会社をたたむ）と聞いたら、社員はショックを受けるだろうな。だから、今はやめておこう」といったイメージです。

一方、義です。こちらは逆で、一時の感情に流されず、淡々と自分がやるべきことを貫く姿勢だと思っています。目先の利益ではなく、もっと先を見据えた姿勢です。

社長の役割は義を貫くことなのではないでしょうか。いくら従業員がかわいそうだからといって、社長の年齢や業績を考えれば会社の命が長くない場合があったとします。この時、信念を貫いて会社をたためるかどうか。もちろん従業員に決定を伝えるのは心が痛みます。悲しむ顔をする人がいれば、反発し、文句を言ってくる人もいるかもしれません。それでも、現実問題として会社の命運は長くありません。だったら、早く撤退して、従業員を解放してあげたほうがお互いのためです。会社に縛り付けるだけ縛り付けておきながら、「ごめん、やっぱりダメだった」となるよりはずっといいはずです。

遠くを見て決断し、行動することが義ではないでしょうか。そして社内で義を貫けるのは社長だけです。見えているものが異なるため、社長の判断や行動は、周囲にわかってもらえないことだってあるでしょう。評価をしてもらえないかもしれません。それが、長い目で見たら、本当はみんなのためになることであっても、です。

損な役回りで嫌になってしまいますね。でも、それが社長の役割であって使命です。あなたにしかできないことがあります。これは、あなただからできることなのです。

「ありがとう」は求めるものではない

面倒な着地戦略に取り組む社長のモチベーションは何か。

お金であったり、安心を手にすることであったり、人それぞれでしょう。その中で一番多いのは、「ありがとう」と言われたいという意識なのかもしれません。

「従業員からありがとう、と言われたい」

「家族からありがとう、と言われたい」

こんな動機を原動力に、誰かに承継できるように時間やエネルギーを使ったり、自らの手で会社をたたんだりしている人が多いように感じます。

ただ、「ありがとう」を動機にするのは、少し気になるところがあります。その裏には「あなたのためにやってあげる」という意識が生まれやすいためです。これも情の話につながります。当然、ありがとうと言われたくない人はいません。でも、それを求めすぎると善意の押し付けとなり、自分を苦しめることがあります。

かつて支援した会社では、事業承継は非常にうまくいきました。従業員だった人が後継者となり、結局社長交代後も会社経営は順調だと聞いていました。

そんなある時、先代から連絡がありました。なんだかえらく怒っています。

「会社を継がせてやったのに、あいつからは感謝が全くない！」

エスカレートする社長は、難癖をつけて裁判を起こすとまで言い出しています。とりあえずその場では先代をなだめ、後日後継者に連絡しておきました。「たまにはお礼の手紙を書くなり、先代を食事にでも招待してもてなしてあげる機会を作ったほうがいいですよ」と言っておきました。

情に厚かった先代です。それゆえ、相手にも情を求めてしまったのではないでしょうか。せっかく会社を手放せたのに、まだ会社のことでイライラさせられるようではつらいところです。この事例で言えば「自分のやるべきことは、会社を次の人間にいい形で渡すことだけ。それさえできれば　相手がどう思うかは関係ない」というくらいのスタンスがよかったのかもしれません。

寂しい気もしますが、**ありがとうは期待しないでおきましょう**。もともと社長は孤独な生き物です。期待をしていなくたって、感謝をしてくれる時はしてくれます。いずれにせよ、こちらではコントロールできないことです。だったら淡々と自分がやるべきことをこなすだけです。

手が離れた会社に責任はない

元社長が、会社を継がせたり、売却した後の会社の経営状況を心配して気に病んでいるケースがあります。「従業員に継がせたけれど、売上が減少しているようだ」「M&A後にスタッフがどんどんやめてしまっている」といった内容です。

ちなみに、**会社を承継させた後、経営がうまくいかなくなるケースは山のようにあり**

ます。社長が代わるのですから、それが普通と言ってもいいくらいです。M&Aのセールストークの決まり文句は「M&Aで雇用が維持できます！」ですが、実際には売られた後の会社で従業員がやめまくることなんてざらです。

これは義の話の裏側です。元社長としては、義を貫いて行動したのだからもうお役御免でいいはずです。経営がうまくいこうが、苦しんでいようが、「もう自分には関係ない話」でOKです。**手が離れた会社にまで先代の責任はありません。**

社長が、会社を手放すところまでをしっかりやってくだされば十二分に役割を果たしたことになります。それが世の中にとって大切なことです。「会社を着地させたら、後のことはもう知らない」というのは、あまりに淡泊な姿勢だと感じるかもしれません。でも、これも義の姿勢なのだと思います。それは、淡々と自分のやるべきことをやり、それ以上の期待もしなければ、後ろめたさや負い目にもとらわれない姿勢です。

社長をやめた時に得られる幸せ

ものごとはいったんおえて、また新しくはじめればいい。何も今に固執し続ける必要はありません。おわりとはじまりは表裏一体です。今日がおわれば明日がはじまり、季節だってめぐります。おわりがないことはなく、おわれば次のはじまりがあります。

きっと、こだわらず、怖がらず、循環に身を投じてみればいいだけなのでしょう。でも、これがなかなかできません。人は手にしたものを捨てられないし、続けてきたことをやめられません。なぜなのでしょうか？

きっと、捨てて失うものは見えるけれど、捨てたことで得られるものは見えないからではないでしょうか。失うことになるマイナス面ばかりが見えるから一歩が踏み出せません。でも、**何かを捨てれば、新しい何かが手に入ります**。

あなたが社長をやめた時にお約束できることが一つあります。それは、肩の荷をおろせた時の、解放感、満足感、清々しさです。想像を超える体験をあなたは手にします。これまで味わったことがないものでしょう。世界が輝いて見え、これまで生きてきた幸福感に包まれます。

これは、私自身が体験したことです。経営していた司法書士事務所をM＆Aで他者に引き継いだ時、本当に驚きました。

「軽い、本当に自分が軽い！」

背中に羽が生えるという言葉をまさに体感できました。本当にうれしかったです。しみじみと幸せを味わえました。それだけ神経を擦り減らし、重たいものを背負って我慢もしていたのでしょう。10年にも足りない経営期間だった私ですらそうだったのです。もっと長い間、仕事に没頭してきた社長ならばなおさらでしょう。

肩の荷をおろせた時の幸せは、ずっとがんばってきたあなたへのご褒美です。絶対に味わってほしい、あなただけの、あなたにしか味わえない幸せです。

楽しみにしておいてください。**肩の荷をおろして、人生の幸せを味わい尽くすまでが社長の仕事です。**そのためにも、自らのおわりと向き合い、おわりをよりよきものとしていただけることを願っています。

おわりに

「ごめんなさい、ごめんなさい」

こんな気持ちでこの本を書いていました。執筆期間は、新型コロナウイルス禍による自粛要請の真っ只中です。まさか、こんなことで経済が止まることがあるとは。青天の霹靂《へきれき》でした。売上が激減する会社が続出し、多くの社長たちが「これからどうすればいいのか」と頭を抱えました。

もし、私がもっとこの本を早く出せていたら、苦難を回避できた社長がたくさんいた気がします。コロナ禍が起きる前に会社を着地させ、無事に社長を退任することができたのではないでしょうか。そう思うと、申し訳ない気がしてなりません。

出版企画が決まってからは、少しでも早くお届けしようと懸命に書きました。この本を必要としている方のもとに届くことを願います。皆さんの周りで、会社の着地のさせ方に悩み苦しんでいる社長がいれば、本の存在を伝えていただいたり、そっと本を手渡していただけたりするとありがたい限りです。

私としては、白いシャツのような本を作りたいと思っていました。本質的であって普遍性があり、誰が読んでも役立つ本です。そして、手に取った人が新鮮な気持ちで、襟を正して、会社と自身の着地に向けて動きはじめる、そんな本です。枝葉の技やテクニックに終始しない「ど真ん中」の本が必要だと思っていました。

メインの読者となる社長は、私の人生の先輩ばかりでしょう。そんな皆さんに、若造が社長のおわりを説くという、今思えばなんとも無謀なチャレンジでした。

チャレンジにお付き合いいただいたフリーの編集者である柳原香奈さんに、まずはお礼を申し上げます。彼女の存在なしでここまでこぎ着けることはできなかったでしょう。まだ企画の輪郭すらできていない段階から、二人三脚でここまで歩んでくれました。

翔泳社の秦和宏さんと同社で編集を担当してくださった小塲いつかさんにも、深く感謝を申し上げます。よい本ができるよう真摯に向き合ってくださいました。そして何より、参考になるような本がほとんど世の中に存在していない状況で、果敢にGOサインを出し、共にチャレンジしてくださったことについては、何度頭を下げても足りません。

最後に、お礼を欠かしてはいけないのが、これまで相談を寄せ、仕事を依頼してくださった全国の社長さんたちです。皆さんからいただいた経験のおかげでこの本を書くことができました。本当にありがとうございます。

集大成となる本を書けたことで、私の仕事はひとつの節目を迎えられたと思っています。今後も世の中は大きくスピーディーに変わってしまうはずです。変化に対し、私もまた柔軟に正しい反応をしていければと思っています。

戦友たる中小企業の社長さんたちと互いの武運を祈りつつ、よき報告をしあえる時がくることを願います。

２０２０年６月　　事業承継デザイナー／司法書士　奥村聡

奥村　聡（おくむら・さとし）
事業承継デザイナー／司法書士

平成21年、自らが立ち上げた地域最大の司法書士事務所を他者へ事業譲渡。コンサルタントに転身し、会社のおわりに寄り添い800社以上を支援。会社分割などの法的手法を武器に事業承継や廃業、過大借金、経営陣の不仲、伸び悩みなどの場面で出口を切り拓く作戦を立案してきた。

中小企業経営の循環に貢献し、地域経済の風通しをよくすることを目指す。

著書に『0円で会社を買って、死ぬまで年収1000万円』（光文社新書）や『今ある会社をリノベーションして起業する』（ソシム）。日本フルハップの機関誌『まいんど』で18カ月間事業承継コラムを連載。NHKスペシャル「大廃業時代」では、おわりに寄り添う〝会社のおくりびと〟として出演。

装丁・本文デザイン　新井 大輔
DTP　BUCH⁺

社長、会社を継がせますか？廃業しますか？

誰も教えてくれなかったM&A《エムアンドエー》、借金、後継者問題解決の極意

2020年09月09日　初版第１刷発行

著者　奥村 聡
発行人　佐々木 幹夫
発行所　株式会社 翔泳社（https://www.shoeisha.co.jp）
印刷・製本　株式会社 廣済堂

本書へのお問い合わせについては、２ページに記載の内容をお読みください。

造本には細心の注意を払っておりますが、万一、乱丁（ページの順序違い）や落丁（ページの抜け）がございましたら、お取り替えいたします。03-5362-3705 までご連絡ください。

ISBN978-4-7981-6739-8
Printed in Japan